Ralf Kaemper (Hg.)

Mauer.Frei

30 Jahre danach

Ralf Kaemper (Hg.)
Mauer.Frei
30 Jahre danach

Best.-Nr. 271 646
ISBN 978-3-86353-646-6
Christliche Verlagsgesellschaft Dillenburg

2. Auflage

www.cv-dillenburg.de
und
idea e. V. - Evangelische Nachrichtenagentur, Wetzlar
www.idea.de

Die Bibelstellen wurden zitiert nach:

Elberfelder Bibel 2006
© 2006 by SCM R.Brockhaus
in der SCM-Verlagsgruppe GmbH, Witten/Holzgerlingen.
(ELB)

bibel.heute,
© 2010 Karl-Heinz Vanheiden und
Christliche Verlagsgesellschaft Dillenburg. (NeÜ)

Lutherbibel, revidierter Text 1984,
© 1999 Deutsche Bibelgesellschaft, Stuttgart (LUT84)

Lutherbibel, revidiert 2017,
© 2016 Deutsche Bibelgesellschaft, Stuttgart. (LUT17)

Satz und Umschlaggestaltung:
Christliche Verlagsgesellschaft Dillenburg
Umschlagmotive:
Graffiti: © Pixabay.com; blauer Balken: © Freepik.com
Rückseite: © Shutterstock.com/Christian Mueller

Druck: GGP Media GmbH, Pößneck
Printed in Germany

Inhaltsverzeichnis

Einleitung 5

Uwe Holmer
Nie wirklich mit der Teilung abgefunden 8

Gottfried Schauer
Nur nicht auf Kerzen und Gebete vorbereitet 16

Joachim Boshard
Sehnsucht nach Freiheit 22

Eine kleine Chronik der Mauer 24

Johannes Holmer
Ein Arrangement Gottes 26

Fakten zur Mauer 48

Theo Lehmann
Wieder 50

Jörg Swoboda
Von der Pappe lernen heißt siegen lernen 54

Wertgeachtet 59

Todesopfer an der Berliner Mauer 1961 bis 1989 . . 60

Johannes Gerloff
Plötzlich stand uns die Welt offen 61

Carmen Schirrmacher
Das ist bei Gott möglich 64

Marcus Nicko
Gott agiert durch alle politischen Wirrnisse 68

Annemarie Herrmann
Ein Dorn im Auge der Mächtigen 71

Michael Zimmermann
Wir brauchen die Kraft der Versöhnung 74

Helmut Matthies
Mauerfall 78

Hartmut Jaeger
Ein Wort zum Schluss: Maueröffnung zu Gott 94

Einleitung

28 Jahre, 2 Monate, 28 Tage

Am 9. November 1989, also vor 30 Jahren, fiel die Berliner Mauer. Sie stand 28 Jahre, 2 Monate und 28 Tage. Sie teilte Deutschland vom 13. August 1961 bis zum 9. November 1989 in zwei Teile. Sie trennte Menschen, die zusammengehören, riss Familien entzwei.

Gebaut wurde sie, um Republikflucht zu verhindern. Zwischen 1949 und 1961 waren mehr als zweieinhalb Millionen Menschen aus der sowjetischen Besatzungszone und späteren DDR nach Deutschland geflohen. Das war für die DDR hochriskant, der wirtschaftliche Zusammenbruch drohte. Um die Massenflucht zu stoppen, versuchte man, den Weg in den Westen zu schließen. Schon im Mai 1952 ließ die DDR-Regierung die innerdeutsche Grenze zu Deutschland sperren. Am 13. August 1961 wurden dann die Berliner Sektoren und die Umlandgrenze endgültig geschlossen, und der Mauerbau begann. Kaum jemand rechnete damit, dass dieser Weg zwischen Ost und West je einmal wieder offen sein würde. Noch im Januar des Jahres 1989 hatte Staatschef Erich Honecker verkündet: Die Mauer „wird in 50 und auch in 100 Jahren noch bestehen bleiben". Gott sei Dank aber kam es anders.

In diesem Buch blicken Zeitzeugen zurück. Sie beschreiben, wie sie die Maueröffnung vor 30 Jahre erlebten, und berichten über ihre Ängste und ihre Hoffnungen. Dabei sind sich alle Autoren dieses Buches einig: Es war ein Geschenk Gottes, dass das

Ganze friedlich und ohne Blutvergießen geschehen konnte. Das war alles andere als selbstverständlich, deshalb gilt vor allem: Gott sei Dank!

Aber auch das wird in den Beiträgen deutlich: Die Öffnung der Mauer war ein wichtiger Schritt. Aber es liegt noch ein Weg vor uns – auch nach 30 Jahren. Nicht alles ist gut geworden, aber das meiste ist besser.

Wichtig ist, dass die Maueröffnung nicht in Vergessenheit gerät, steht die Mauer doch für ein folgenreiches politisches Experiment, das den meisten Betroffenen Unfreiheit brachte und für manche sogar den Tod zur Folge hatte. US-Präsident Robert Kennedy hat es 1962 so auf den Punkt gebracht: „Zum ersten Mal in der Geschichte der Menschheit hat ein politisches System eine Barriere bauen müssen, um sein Volk halten zu können" *(Rede vom 22. Februar 1962 in der Freien Universität Berlin, West).*

Auch darauf weisen die Zeitzeugen von damals immer wieder hin: Die Freiheit, die der Mauerfall brachte, dürfen wir heute nicht leichtfertig aufs Spiel setzen. Ein wichtiger Schritt dabei ist die Erinnerung. Deshalb blicken wir in diesem Buch zurück in die Zeit, als die Mauer fiel ...

Der Herausgeber, im Mai 2019

„Niemand hat die Absicht, eine Mauer zu errichten."

Walter Ulbricht,
DDR-Staats- und Parteichef, am 15. Juni 1961 während einer Pressekonferenz in Ostberlin

Nie wirklich mit der Teilung abgefunden

Uwe Holmer

Als ein großer Teil meiner Familie 1953 in den Westen nach Recklinghausen zog, blieb ich in der DDR, weil hier Pastoren dringender gebraucht wurden als im Westen. Meine Mutter hatte mich gebeten mitzukommen, aber sie respektierte meinen Entschluss.

Nun waren wir allerdings eine geteilte Familie. Doch wir alle haben die Entscheidung nie bereut. Wir wussten uns hier auf unserem Platz, und unsere Familie hat uns nie vergessen. Zunächst konnten sie uns nicht besuchen und wir nach dem Bau der Mauer auch sie nicht. Doch als es in den 70er-Jahren möglich wurde, dass die Eltern zu uns kamen, haben meine Eltern ihren ganzen Urlaub bei uns verbracht – trotz des „verbindlichen Mindestumtausches“ von zuletzt 20 D-Mark pro Person in 20 Ost-Mark.

Für unsere Kinder und uns war der Westbesuch immer der Höhepunkt des Jahres. Doch wirklich abgefunden mit der Teilung Deutschlands haben wir uns nie. Und es blieb schwer, denn die DDR isolierte sich immer weiter von der freien Welt. Wir sahen keinen Weg, dass das einmal anders werden könnte. Im Januar 1989 hatte Erich Honecker noch erklärt: „Die Mauer ... wird in 50 und auch in 100 Jahren noch bestehen bleiben.“ Ich habe nur gebetet: „Herr, gib, dass er nicht recht hat.“ Denn das war klar in Ost und West, dass eine Wiedervereinigung mit Gewalt nicht zu erzwingen gewesen wäre. Ein erneuter Krieg hätte die ganze Welt ins Verderben gestürzt. Dieser Weg war also nicht möglich.

Dann aber kamen die Montagsdemonstrationen, schon jahrelang vorbereitet durch die Friedensgebete in den Kirchen. Schon am 7. Oktober, dem 40. Jahrestag der DDR, wurde deutlich, dass Gorbatschow nicht mehr bedingungslos zur DDR- Führung stand. Honecker wurde krank und musste abtreten. Die Behörden in der DDR wurden unsicher. Die Dinge begannen sich zu ändern.

So war es mir Mitte November 1989 möglich, zusammen mit meiner Frau meine schwerkranke Mutter im Ruhrgebiet zu besuchen. Nie zuvor hatten wir eine gemeinsame Erlaubnis bekommen, um in den Westen zu reisen. Nun durften wir als Ehepaar mit den Kindern fahren und dann auch gemeinsam die Beerdigung meiner Mutter erleben. Und zwar genau am 9. November 1989. Als wir als Familie noch zusammensaßen, sagte jemand: „Wir müssen das Fernsehen anmachen. In Berlin ist etwas passiert." So erlebten wir den Beginn der Wiedervereinigung am Beerdigungstag meiner Mutter. Wir haben Tränen der Dankbarkeit geweint. Nun konnten wir wieder gemeinsam eine Familie sein.

> Statt Waffen und Steinen trugen sie Kerzen, viele beteten.

Die Monate vorher waren eine erhebende Zeit – die Tage der Montagsdemonstrationen mit tausenden von mutigen Teilnehmern. Sie begannen mit Gebet und hörten auf den Ruf: „Keine Gewalt!" Statt

Es war die erste Revolution in Deutschland ohne Blutvergießen.

Waffen und Steinen trugen sie Kerzen, viele beteten, alle hüteten sich, die bewaffneten Sicherheitskräfte zu provozieren. Eine gewisse Achtung gebührt auch den Verantwortlichen der Staatssicherheit. Was sie in 40 Jahren aufgebaut hatten, wagten sie nun nicht gegen ihr eigenes Volk einzusetzen. Es war die erste Revolution in Deutschland ohne Blutvergießen. Eine wirklich friedliche Revolution.

Ich bin gewiss: Gott hat die einzelnen Faktoren zusammengefügt, sodass der hoch gerüstete Ostblock in sich zusammenfiel: durch Gorbatschows Perestroika, Honeckers Krankheit, Schabowskis überstürzte Pressekonferenz und Helmut Kohls sofortige Verhandlung mit den Siegermächten. Und nicht zu vergessen die jahrelangen Friedensgebete, vor allem in Sachsen und in Berlin. Wie waren wir glücklich, als dann überraschend die Mauer in Berlin fiel! Nun konnten die Familien wieder zueinander kommen, ungehemmt und ohne schikanöse Kontrollen an der Grenze. Auch die Herzlichkeit und Freude, die Umarmungen und die tiefe Rührung unserer westdeutschen Landsleute, ja, die gemeinsamen Feiern an der Grenze und auch das „Begrüßungsgeld" machten uns deutlich, dass wir nun wieder dazugehörten!

Eines jedoch fehlte: der Dank gegenüber Gott. Nur vereinzelt blies jemand auf der Trompete mal ein Danklied an der Grenze. Auch die Dankgottesdienste fanden mancherorts nur ein verhaltenes Echo. Die D-Mark wurde wichtig und die Teilhabe am westdeutschen Wohlstand. Nun konnte man den „Dialektischen Materialismus", den Marx, Engels, Lenin und Stalin beschrieben haben, den schon die Kinder in der Schule gelehrt bekamen, praktisch ausleben. Zunächst dachten wir, der Westen, in dem noch die überwiegende Zahl der Einwohner zur Kirche gehörte, würde uns Ostdeutschen helfen, zu Kirche und Gott zurückzufinden. Doch wir mussten erkennen, dass auch im Westen weite Bevölkerungskreise nur auf materiellen Wohlstand aus waren. Sie lebten auch nur – wenn überhaupt – ein schwaches, traditionelles Christentum mit wenig Ausstrahlungskraft.

Die Nachkriegsgeneration hatte das Wirtschaftswunder erlebt, hatte mit großem Fleiß die zerbombten Städte wiederaufgebaut. Doch hatte sie darüber Gott vergessen. Was man den Kindern nicht vorlebt, das prägt sie nicht. Warum sollten sie nach Gott fragen, wenn die Eltern es auch nicht tun? Große Teile der Jugend entfremdeten sich ich immer mehr Kirchen und Christentum.

So kam die 68er-Studentenrevolution auf mit dem Ideal der Freiheit von aller Ordnung und eine grenzenlose Freiheit zu allem. Staat, Kirche und Familie seien nur Institutionen der Unterdrückung. Die evangelischen Landeskirchen wurden immer schwächer durch eine liberale, rationalistische Theologie mit der Ablehnung grundlegender, biblischer Lehrinhalte. Die Zahl der Kirchenmitglieder sank ständig. Deutschland ist schon lange kein christliches Land mehr. Und doch gibt es bibeltreue „Kerngemeinden" in den Landeskirchen, Freikirchen und

Gemeinschaften. Denn biblischer Glaube steht unter der Verheißung Jesu, dass die *„kleine Herde"* nicht überwunden werden soll (Lukas 12,32; LUT17).

In der Geschichte kann man sehen: In den letzten 200 Jahren – 1789 bis 1989 – hat Europa drei antichristliche Revolutionen erlebt: die französische, die deutsche und die sowjetische. Alle drei kämpften brutal gegen Kirche und Christenglauben und sind alle mit viel Leid und Blutvergießen gescheitert. Die Pforten der Hölle haben Jesu Gemeinde nicht überwältigt.

Die dritte Ordnungsmacht, nach Staat und Kirche, die die 68er-Studentenrevolte bekämpfte, war die Familie. Dieser Kampf dauert noch an. Sexualität ohne Verbindlichkeit und Verantwortung sowie eine Scheidungswelle wie noch nie sind die Folgen dieses destruktiven Programmes. Zurück bleiben innerlich rastlose und einsame Kinder. Wie sollen Christen sich heute dazu stellen? Ich denke, so wie die Christen aller Jahrhunderte, nämlich als wirkliche Jünger und Nachfolger von Jesus, die die Bibel des Alten und Neuen Testaments als Gottes Wort lesen und es gehorsam und dankbar zu praktizieren suchen.

Das hat schon die Gemeinde Jesu in den ersten drei Jahrhunderten getan. Sie distanzierte sich vom dekadenten Lebensstil ihrer Zeit. An den Christen sahen die Römer mit Erstaunen, dass es auch anders geht und dass es anders schöner ist. Denn die verachteten Christen lebten alternativ. Sie sagten zu ihren Kindern „Ja" – schon im Mutterleib – und erzogen sie in Verantwortung vor Gott. Sie lebten in Frieden miteinander und richteten sich aus auf das Ziel des ewigen Lebens bei Gott. Das gab ihnen eine lebendige Hoffnung und ein Leben mit Sinn und Wert. Sie pflegten die Kranken und halfen den Armen. Das erweckte Respekt und Interesse am Glauben der Christen. Und so entstand in Europa eine neue Kultur! Die Kreuzigungsstrafe, auch Abtreibung und Kindesaussetzung wurden verboten. Armen- und Krankenhilfe wurden gefördert. Und schließlich wurde die Sklaverei in den christlichen Ländern aufgehoben. Europas Völker erlebten: *„Gerechtigkeit erhöht ein Volk; aber die Sünde ist der Leute Verderben“* (Sprüche 14,34; LUT17).

Was den Christen im Römerreich so viel Überzeugungskraft gab, waren die einfachen Christen mit ihrem veränderten Leben. Sie wollten tun, was Jesus gelehrt hatte. Dabei waren sie nicht perfekt, aber doch spürbar anders.

Das wünschte ich mir auch für unsere orientierungslose Zeit: Christen, die mit ganzem Herzen Jesus gehören und ihm gehorchen. Und Familien, in denen gelebt wird, was Jesu uns gelehrt hat! Das ist die Chance auch für uns Christen heute und die Antwort auf die Nöte in Deutschland und Europa!

Ich weiß von einer Familie, zu deren Kindern sagten die Spielgefährten: „Bei euch zu Hause ist es schön.“ Das Leben predigt. Wahrheit überzeugt. Liebe bringt uns den Menschen nahe und macht innerlich warm und schön, erweckt den Wunsch, mit dabei zu sein.

So will ich auch leben und lieben. So will ich meinen Nachbarn und Kollegen ein guter Nachbar sein. Denn Christus hat uns zugesagt: *„Ihr seid das Salz* *der Erde" und: „Ihr seid das Licht der Welt"* (Matthäus 5,13.14; LUT17). Dieses großartige Versprechen Jesu gilt auch für uns heute 30 Jahre nach dem Fall der Mauer.

Uwe Holmer ist Pfarrer und Theologe und lebt heute in Serrahn (Landkreis Rostock). Bekannt wurde er 1989/1990, als er Erich Honecker bei sich aufnahm, *siehe S. 28.*

„Wir werden uns niemals mit der brutalen Teilung dieser Stadt, mit der widernatürlichen Spaltung unseres Landes abfinden."

Willy Brandt,
Regierender Bürgermeister Berlins, am 13. August 1961 vor dem Abgeordnetenhaus von Berlin (West)

„Die Mauer ist die abscheulichste
und stärkste Demonstration
für das Versagen des
kommunistischen Systems. ...

Durch die Mauer werden
Familien getrennt, der Mann
von der Frau, der Bruder von
der Schwester, und Menschen
werden mit Gewalt
auseinandergehalten,
die zusammen leben wollen. ...

Alle freien Menschen,
wo immer sie leben mögen,
sind Bürger dieser Stadt Berlin,
und deshalb bin ich als freier Mann
stolz darauf, sagen zu können:

Ich bin ein Berliner."

John F. Kennedy,
US-Präsident, am 26. Juni 1963
vor dem Rathaus Schöneberg

Nur nicht auf Kerzen und Gebete vorbereitet

Gottfried Schauer

Ich saß am Schreibtisch und bereitete die goldene Hochzeit der Schwiegereltern vor. Honecker und Mittag hatten am 8. November gerade den Machtkampf im Politbüro gegen Krenz verloren. In meinem Tagebuch steht: „Strom von DDR-Übersiedlern in die BRD hält weiter an ... Am Grenzübergang Schirnding würden stündlich 300 Autos abgefertigt (alle 12 Sekunden eins!)." Alles war in Bewegung. Dann am Abend in der Pressekonferenz des Politbüros: „Wir haben uns dazu entschlossen, heute eine Regelung zu treffen, die es jedem Bürger der DDR möglich macht, über Grenzübergangspunkte der DDR auszureisen." Wann? Ein Stammeln von Günter Schabowski gegen jede Abmachung: „Das tritt nach meiner Kenntnis ... ist das sofort, unverzüglich."

Es war, als wäre ein Ventil geöffnet. Zehntausende forderten noch am Abend die Öffnung der Mauer. Um 23.30 Uhr wurde durch einen Offizier eigenmächtig die Bornholmer Brücke geöffnet. Desorientierung und Chaos als Erscheinungsbild eines Staates, den wir wohlgeordnet und fest in der Hand von Partei, Staatssicherheit, Armee und Polizei hielten. Es war wie eine Verwirrung der Sinne der politischen Verantwortlichen, nachdem sie lange Zeit blind gewesen waren für die Entwicklung in den letzten Jahren: Sie saßen in ihren Parteistübchen und wurden eilfertig bedient von geschönten Meldungen aus dem Volksalltag. Die

Wahlen im Mai 1989 brachten „überwältigende Zustimmung“ und mussten frisiert werden, weil die Zahl der Gegenstimmen nicht zur Vorgabe der Partei passte. Erste Anzeigen wegen Wahlfälschung beunruhigten die Wahlleitungen. Seit mehreren Jahren gaben sich die Ausreisewilligen die Klinke in die Hand. Wir grüßten uns im Wohngebiet: „Ach, du bist immer noch da?“, und witzelten, wer von uns das Licht ausmachen würde. Die Montagsdemonstranten mit den Kerzen in den Händen gingen mittlerweile in die Zigtausende.

Die Botschaften in Prag und Warschau quollen über. Ungarn öffnete seine Grenzen. Wir schlossen unsere zur Tschechoslowakei. Noch am 1. Oktober entschied ich mich auf dem Rückweg von einem Hilfstransport nach Rumänien, nicht in Richtung Wien, sondern über Bratislava wieder nach Hause zu fahren. Die Versuchung war groß, aber die Familienbande wichtiger. Am Morgen des 2. Oktober fuhren zehn Züge mit fast 6000 Menschen von Prag über Dresden nach Deutschland und lösten gewalttätige Reaktionen der Zurückgebliebenen aus, die in Dresden brutal von Polizei und Armee niedergeschlagen wurden, was zu regelrechten Straßenjagden führte. Wen sie fassten, warfen sie wie nasse Säcke auf die Ladeflächen der LKWs. In den Gefängnissen mussten sie breitbeinig mit erhobenen Händen in Fliegerstellung stundenlang ausharren.

Auf dem Bahnhof standen Menschen auf den Schienen, um keine Züge durchzulassen. Babys lagen in Taschen auf den Gleisen. Ein junger Mann verlor beide Beine, als er eine Lok anhalten wollte. Anfang November standen wir nachts im Osterzgebirge am

Fenster und beobachteten, wie sich die Lichtkegel der die DDR verlassenden Autos gnadenlos in die Nachtschwärze bohrten. Der Politik-Kosmetik von Krenz und Co. war die Glaubwürdigkeit abhanden gekommen.

Ich zitiere das „Neue Deutschland" vom 13. November: „4.298.375 Visa für Privatreisen ... wurden am Donnerstag bis Sonntagmittag von der Volkspolizei ausgestellt." Die Begeisterung hüben wie drüben kennt keine Grenzen. Wildfremde umarmen sich, hartgesottene Männer weinen. „Mir scheint, es sei ein großes Zuchthaus geöffnet, das Zuchthaus gescheiterter Zuchtpolitik."

Es war mittlerweile eine Zeit zwischen Hoffen und Bangen geworden. Im Sommer 89 hatten meine Frau und ich die erste gemeinsame Westreise antreten dürfen. Natürlich mussten die Kinder als Faustpfand zu Hause bleiben. Wir wählten die Reiseroute so, dass wir in den beiden Wochen möglichst viel vom Westland sehen konnten: München, Lindau, Bodensee, Stuttgart, Tübingen, Heidelberg, Vechta bei Freunden im Oldenburger Land, ein Abstecher nach Amsterdam. Als wir wieder ins triste Grau der DDR eintauchten, waren wir uns gewiss, dass es die erste und letzte Reise vor der Rente gewesen war, die erst 2015 auf uns wartete.

Im Spätsommer saßen wir abends in den polnischen Beskiden vor dem Radio und wunderten uns, dass die Ausreisewilligen nach Osten gingen, als gäbe es im Osten etwas zu holen. Im September ging eine befreundete Familie aus der Gemeinde über Ungarn in den Westen, eine Tochter blieb hier, und wir versteckten die wertvollsten Besitztümer in einer Nacht-und-Nebel-Aktion auf unserem Boden, immer mit der Angst im Nacken: „Hoffentlich kommt uns die Stasi nicht auf die Spur." Entführungsstories waren auf den Titelseiten der Medien. „Ich habe erlebt, wie BRD-Bürger ‚gemacht' werden", beschrieb der Mitropa-Kellner Hartmut Ferworn seine angebliche Entführung in einem Interview im „Neuen Deutschland" im September, was sich später als frei erfundene Falschmeldung der DDR-Medien herausstellte.

Der Junge-Welt-Chefdemagoge Hans-Dieter Schütt bezeichnete die 5. Synode des Bundes der Evangelischen Kirchen in der DDR als „trojanisches Steckenpferd", in der der Klassenfeind lauere. Die Antragstellung der Bürgerbewegung „Neues Forum" auf Zulassung wurde vom Minister des Innern abgelehnt. 27 000 Menschen hatten innerhalb von drei Wochen von Ungarn aus die Grenze zu Österreich passiert. Es war eine irre Zeit, denn keiner wusste, ob nicht auch die brutal-blutige chinesische Lösung vom „Platz des Himmlischen Friedens"[1] als Schwarzer Peter gezogen würde. Schließlich hatten Krenz und Deng Xiaoping kurz zuvor ihre „Kampfgemeinschaft" stimmungsvoll im Fernsehen bekräftigt.

---

1 Als Tian'anmen-Massaker (Platz am Tor des Himmlischen Friedens in Peking) wird die gewaltsame Niederschlagung eines Volksaufstandes bezeichnet. Am 3. und 4. Juni 1989 schlug das chinesische Militär im Zentrum Pekings gewaltsam die Proteste der Bevölkerung nieder. Im Laufe der Woche starben in ganz Peking ca. 2600 Menschen und 7000 wurden verletzt.

Aber es kam alles anders. Es blieb ruhig, geradezu friedlich. Es ist mir immer noch ein Rätsel, ein wirkliches Wunder. Niemand kann nachvollziehbar erklären, warum es so war, weil auch die Schießbefehle ausgedruckt im Kasten lagen. Die vielen Akteure zwischen 1982 und 1989 hätten ganz anders entscheiden und sich verhalten können. Warum starben nach Breshnew die alten Männer so schnell, die ihm als Generalsekretäre des ZK der KPdSU folgten? War nicht Gorbatschow die Antwort auf die Sehnsucht der sowjetischen Nomenklatura auf langjährige Kontinuität in der Politik von Partei und Staat? Was veranlasste ihn zu „Perestroika" und „Glasnost"?

Es blieb ruhig, geradezu friedlich. Es ist mir immer noch ein Rätsel, ein wirkliches Wunder. Niemand kann nachvollziehbar erklären, warum es so war, weil auch die Schießbefehle ausgedruckt im Kasten lagen.

Wer verursachte die Eitelkeit der alten Männer um Honecker, die ersten Züge aus den Botschaften über das „Staatsgebiet der DDR" zu lenken, nur um zu zeigen, dass sie das Heft des Handelns in der Hand hatten („***Wir*** weisen sie aus!")? Wer hat den Widerstand von Frankreich und Großbritannien gebrochen, als es bei den Zwei-Plus-Vier-Gesprächen um ein geeintes Deutschland ging? Waren ihre Vorbehalte gegen ein wiedererstarktes Deutschland nicht aus der Geschichte erklär- und nachvollziehbar? Hatte Helmut Kohl nur seinen eigenen Ruhm im Sinn, um als „Konstrukteur der Einheit" in die Geschichte einzugehen?

Für mich hatte Gott seine Hand im Spiel. Eindeutig ein Ausdruck von Gnade – und das nach all den

Verbrechen des letzten Jahrhunderts. Das ehemalige Politbüromitglied Horst Sindermann bekennt vor seinem Tod: „Wir hatten alles geplant, wir waren auf alles vorbereitet, nur nicht auf Kerzen und Gebete."

Und auch das gehört noch dazu: Als 1991 ein General in Moskau gegen Boris Jelzin putschte und Gorbatschow festgesetzt wurde, waren wir mit Sack und Pack gerade im Taubertal im Urlaub. Da saßen wir wieder vor dem Fernseher und fragten uns, was wohl passieren würde, wenn die erfolgreich wären. Würden die hunderttausende Soldaten der sowjetischen Truppen, die noch auf ehemaligem DDR-Gebiet stationiert waren, dann wieder die Grenze schließen? Wäre es nicht besser, hierzuleiben? Und schon kroch die Angst wieder in uns hoch. Es war uns einfach nicht zu helfen.

Nun muss ich jeden Tag (und das schon 30 Jahre lang) im Treppenhaus unseres Hauses an einem Plakat vorbei: Unter einem freien „Brandenburger Tor" steht der Liedvers: „Nun danket alle Gott". Dann beginne ich zu summen und zu singen. Geschichte wird eben nur im Erinnern zum Danklied. Auf Gott. Ich kann nicht anders.

Gottfried Schauer lebt in Dresden.

Sehnsucht nach Freiheit

Joachim Boshard

Es ist Sonntagnachmittag, der 12. November 1989. Wir fahren mit dem Pkw in Begleitung des damaligen Bundes- und Fraktionsvorsitzenden der SPD, Hans-Jochen Vogel, von Westberlin kommend zur Berliner Mauer an das Brandenburger Tor. Als Mitarbeiter des Bundeskriminalamtes waren wir für den Personenschutz des Herrn Vogel verantwortlich. Scherzhaft wurden wir gerne „Vogelschützer" genannt.

Es war kein normaler Wochenendausflug in Berlin. Wir befanden uns mitten in der sogenannten „Wendezeit". Tage zuvor, am 9.11., war die Berliner Mauer gefallen. Die Menschen in Ost und West machten von der neu gewonnenen Reisefreiheit regen Gebrauch. Viele Berliner, auch Touristen, sahen zum ersten Mal die Berliner Mauer von der anderen Seite. Man begegnete unserer kleinen Delegation überwiegend mit großer Begeisterung. Wir Personenschützer hatten in der Euphorie große Mühe, unseren Auftrag verantwortungsvoll wahrzunehmen.

> Die Sehnsucht der Menschen nach Freiheit konnte eine Mauer nicht für immer unterdrücken.

In diesen Augenblicken erlebte ich als Nicht-Berliner eine unbeschreibliche Freude über die teilweise herzlichen Begegnungen vieler Menschen, die sich nicht kannten. Ein nach menschlichem Ermessen unbeschreibliches Wunder war Wirklichkeit geworden. Es waren nicht nur die familiären Bande, auch die

Sehnsucht der Menschen nach Freiheit konnte eine Mauer nicht für immer unterdrücken. Es beeindruckte mich, dass uns immer wieder Menschen begegneten, die diese Hoffnung nicht aufgegeben hatten.

Gespannt verfolgte ich die Reaktionen vieler Christen in der damaligen DDR. Trotz der oft angespannten Situation, gerade in den Tagen vor dem 9. November, war das Vertrauen auf Gottes Eingreifen ungebrochen. Man wurde nicht müde im gemeinsamen Beten.

Aufgrund mancher kritischen Anmerkung zum politischen Geschehen regte sich auch bei mir die Sorge, ob diese anstehende Wiedervereinigung wirklich gelingen könnte.

Ich finde die Erinnerung an den Fall der Mauer sehr bedeutsam. Denn es betrifft nicht nur politische Auseinandersetzungen. Haben wir als Menschen zwischen uns eine Mauer gebaut – z. B. eine Mauer des Schweigens – dann bedarf es großer Anstrengungen, wieder zueinander zu finden. Über einen Mauerdurchbruch der Demut und Vergebung kann Gott, der ein Gott des Friedens ist, zum Ziel kommen: Versöhnung!

Joachim Boshard war Personenschützer des BKA und begleitete u. a. Helmut Schmidt und Dr. Manfred Wörner. Er lebt heute in Meckenheim.

Eine kleine Chronik der Mauer

24. Mai 1949	Gründung der Bundesrepublik Deutschland (Westdeutschland)
7. Oktober 1949	Gründung der Deutschen Demokratischen Republik (Ostdeutschland, DDR)
26. Mai 1952	Die Grenze zwischen Ost- und Westdeutschland und zwischen der DDR und Westberlin wird geschlossen.
11. Dezember 1957	Das Verlassen der DDR ohne Erlaubnis wird verboten und mit bis zu drei Jahren Zuchthaus bestraft.
13. August 1961	Die Sektorengrenze um Westberlin wird geschlossen, Beginn des Mauerbaus
14. August 1961	Das Brandenburger Tor wird geschlossen
26. August 1961	Alle Grenzübergänge werden für Westberliner Einwohner geschlossen

17. Dezember 1963	Nach mehr als zwei Jahren dürfen Westberliner Einwohner das erste Mal wieder Ostberlin besuchen
3. September 1971	Unterzeichnung des Vier-Mächte-Abkommens über Berlin, Reiseerleichterungen für Westberliner und Westdeutsche
10. September 1989	Die ungarische Regierung öffnet die Grenze nach Österreich für DDR-Flüchtlinge
9. November 1989	Die Berliner Mauer wird geöffnet
22. Dezember 1989	Das Brandenburger Tor wird wieder geöffnet
3. Oktober 1990	Tag der deutschen Wiedervereinigung

Ein Arrangement Gottes

Johannes Holmer

Wunder über Wunder

Wissen Sie, was ich glaube? Wer die friedliche Revolution in Deutschland und Europa erlebt hat und nicht an Wunder glaubt oder meint, noch nie Wunder erlebt zu haben, der denkt nicht wirklich nach. Der hat keine Ahnung ...!

Natürlich: Wer Gott generell ablehnt, wird logischerweise keine Wunder erleben können. Aber das ist nicht eine Frage des Glauben-Könnens, sondern eine des Wollens und der Entscheidung. In einer idea-Meldung lese ich gerade, dass der frühere Bundesinnenminister Thomas de Maizière meinte, die deutsche Einheit sei ein großes Geschenk und ein Wunder. „Gott hatte dabei sicher seine Hände im Spiel." Das denke ich auch, nur etwas umfassender.

Wir leben inzwischen 30 Jahre in Freiheit und ohne diesen unsäglichen Sozialismus, das ist ein Dreiviertel der Zeit des Bestehens der DDR. Als ich geboren wurde, war die DDR gerade mal acht Jahre alt. Das heißt, es kamen für mich dann 32 Jahre DDR, ich habe also fast genauso viel Zeit in der DDR wie in Deutschland gelebt.

Als ich Kind und Jugendlicher war, konnte ich mir nicht wirklich vorstellen, dass die Welt einmal so anders aussehen könnte. Wie sollte dieses Regime zu Ende gehen? Das schien so fest im Sattel zu sitzen, dass es unvorstellbar war, es könnte plötzlich ganz weg sein.

Jedes Denkmal fällt

Aber wie haben wir seit 1981 in unseren Gemeinden mit der Jugend gesungen? ***„Die Mächtigen kommen und gehen, und auch jedes Denkmal mal fällt; bleiben wird nur, wer auf Gottes Wort steht, dem sichersten Standpunkt der Welt.“*** Das waren Worte aus dem Lied zur Jahreslosung „Wer Gott folgt, riskiert seine Träume“, von Theo Lehmann und Jörg Swoboda auf der Grundlage von Jesaja 26,4 geschrieben.

Was für Sätze von zwei für mich bis heute beispielhaft mutigen Predigern des Evangeliums! Sie haben mit ihrer ganzen Person für die Wahrheit (Jesus! Denn er ist die Wahrheit – Johannes 14,6) eingestanden und mit einem oft hohen persönlichen Risiko den „Mächtigen“ ihre Grenzen aufgezeigt. Wir sangen ihre in der Diktatur unmissverständlichen Verse. Wahrscheinlich war nicht jedem von uns komplett bewusst, was er da sang. Ja, wir haben geglaubt, dass Gott allmächtig ist, dass er die Dinge in der Hand hat. Aber haben wir wirklich eins zu eins darauf vertraut? Und dann fiel die Mauer! Unglaublich! „Die Mächtigen kommen und gehen ...“ Honecker und Co. sind längst Geschichte. Gott nicht! Und dabei hatte schon Ulbricht in den 60er-Jahren sinngemäß verkündet: „In 20 Jahren wird die Kirche überflüssig sein, denn dann sind wir dem Kommunismus (dem ‚Himmel auf Erden‘) ein großes Stück näher.“

Ich erinnere mich, dass wir als Kinder von unseren Eltern gelernt hatten, man solle für die Obrigkeit beten, der Stadt Bestes suchen und wissen, dass, wenn es ihr, der Obrigkeit und dem Volk gut geht, es auch uns gut gehen wird. Irgendwie habe ich dies immer wieder getan – und doch dann und wann gedacht: Wie soll ein Ulbricht oder später ein Honecker, wie sollen all die Genossen je „vernünftig" werden oder gar etwas von Gott hören? Wie soll ihnen die Botschaft gesagt werden, dass es einen Gott gibt, der alles in der Hand hat und auch sie liebt, aber auch ihre Macht begrenzt, wie er es will?

Honeckers im Kirchenasyl

Als ich 32 Jahre alt war – es war die Zeit der Wirren der Friedlichen Revolution, die Mauer war gerade gefallen, und ich war mit meiner Frau in unserem Trabi unterwegs – hörten wir plötzlich in den Nachrichten, dass Honecker und seine Frau in Lobetal bei Bernau Asyl gefunden hätten. Sie seien bei einer Pastorenfamilie „untergekommen"... Für uns war klar: Das konnte nur unsere Familie, der Pastor nur unser Vater sein, denn ein Pfarrer und Lobetal ...? Unglaublich! Aber so war es tatsächlich!

Man stelle sich einmal vor: Die SED (Sozialistische Einheitspartei Deutschlands) hatte kein Bett mehr frei für ihren langjährigen obersten Vertreter. So ließen sie die damalige Regierung bei der Kirche (!) um „Asyl" für Erich Honecker und seine Frau bitten! Die vorher so überzeugten Sozialisten hatten Erich und Margot fallen gelassen wie heiße Kartoffeln. Jetzt, da die Zeiten sich geändert hatten, wollten sie lieber nicht mehr mit denen in Verbindung gebracht werden ...! So fragte die Brandenburgische Kirche dann fast flehentlich bei einem Pastor an, der Jahre zuvor persönlich in Frau Honeckers Ministerium für

Volksbildung in Berlin vorstellig geworden war, aber natürlich kein Gehör fand, als seinen Söhnen ohne Begründung die Möglichkeit, das Abitur zu machen, verweigert wurde. Später konnte keines seiner Kinder (wir waren zehn Geschwister) in der DDR die Erweiterte Oberschule besuchen und Abitur machen. So war es wohl Gottes Sinn für Humor, dass gerade die Frau, die politisch dafür hauptverantwortlich war, nun hier in der Kirche Asyl – und Gehör – fand.

Und so geschah etwas, was menschlich unvorstellbar, aber wohl Gottes Art war, uns zu zeigen, dass er die Dinge lenkt und leitet – und auch manche Gebete trotz allem erhört: Der oberste Staatschef der DDR war plötzlich in seiner Not in eine christliche Familie hineingeraten – und „konfrontiert" mit dem Evangelium. Ein Freund aus Rumänien, der das Ende von Ceausescu miterlebt hatte, hat uns immer wieder gesagt: „Gott hat alles unter seiner Kontrolle." Ja, Gott hat alles in seiner Hand. Und er ist ein Gott, der Wunder tut. Das zeigte sich nun auch bei uns.

Wie in alten Zeiten: Gott lenkt die Geschichte

Die Geschichte der Friedlichen Revolution ist meines Erachtens voller Wunder. Und sie zeigt uns, dass Gott die Dinge wie in alten Zeiten lenkt, als er den Pharao oder auch später Nebukadnezar und viele andere in der Geschichte gebrauchte, um seine Herrlichkeit und Macht zu demonstrieren. So können wir das bis heute in unserem Volk, letztlich aber überall in der ganzen Welt sehen.

Natürlich kann man beispielsweise fragen: Warum hat Gott dann so etwas wie das „Dritte Reich" nicht verhindert? Aber wer sind wir, so etwas zu fragen? Gott hätte das sicher verhindern können. Aber dann hätte er uns die Möglichkeit genommen, es zu verhindern. Unser Volk hatte aber diese Möglichkeit! Es hätte Hitler nicht wählen müssen. Es hätte sich einig sein können, solches niemals zuzulassen. Dann hätte es auch die nächste Diktatur, die der DDR, nicht gegeben. Aber Gott hat uns machen lassen! Wir denken immer, wir hätten die Dinge doch im Griff! Und heute? Da denken wir Deutsche schon wieder, wir könnten die ganze Welt retten, zum Beispiel durch Klimaschutz oder auch in anderen Bereichen. Unsere Hybris, unsere Selbstüberschätzung, ist oft so grenzenlos, dass es schon manchmal richtig wehtut.

Dabei ist Gott der Einzige, der die Dinge wirklich überschaut. Deshalb haben die „Väter des Deutschen Grundgesetzes" gleich an den Anfang desselben die Präambel gesetzt, in der es heißt: „Im Bewusstsein seiner Verantwortung vor Gott und den Menschen ..." Aber heute sind wir offenbar schon wieder dabei, alles aus der Geschichte Gelernte über Bord zu werfen. Gott spielt in unserer Gesellschaft eine immer geringere Rolle, sowohl in der Politik wie auch in unseren Kirchen! Dabei gibt Gott uns immer wieder die Möglichkeit, zu erkennen, dass er sich auskennt, in der Vergangenheit, in der Gegenwart und in der Zukunft.

Wer hat das getan?

Es begann viel früher (na ja, natürlich immer noch viel früher ..., aber irgendwo muss man ja anfangen ...): Ich erinnere mich an eine Zeit gegen Ende meines Theologiestudiums in Leipzig – es war wohl

Anfang 1980, als Wahlen in den USA stattfanden. Wir wohnten in einem kleinen Wohnheim am Bayrischen Bahnhof, mitten in Leipzig. Zu der Zeit saßen wir oft vor dem Fernseher und beobachteten mit einiger Spannung die Präsidentschaftswahlen in den USA. Einige meiner Kommilitonen sagten: „Wenn dort der Reagan erst an der Macht ist, dann gibt es einen dritten Weltkrieg." Der gesamte Ostblock starrte wie gebannt dorthin. Denn dieser „texanische Cowboy" versprach, mit klarer und harter Politik sein Land wirtschaftlich voranzubringen und militärisch zu verteidigen. Er wollte ein „SDI"-Programm entwickeln, um ein auf Raketen und Satelliten gestütztes Abwehrsystem zu schaffen. Er sah die Bedrohung aus der Sowjetunion klarer als viele andere seiner Zeit, auch in Westdeutschland und Amerika.

Gegen das zu der Zeit wirtschaftlich und technologisch überlegene Amerika aber war der Ostblock machtlos. Es war die Zeit des Kalten Krieges. Die Angst war überall zu spüren. Und dann kam tatsächlich Ronald Reagan an die Macht. Er begann aufzurüsten. Er verbreitete Aufbruchsstimmung. Ein paar Jahre später konnte die Sowjetunion wirtschaftlich nicht mehr mithalten. Es wurde so katastrophal, dass dort am Ende ein Michail Gorbatschow an die Macht kam, der normalerweise gar keine Chance gehabt hätte, den Kreml „zu besteigen". Gorbatschow kam und änderte alles. Wir kennen die weiteren Entwicklungen von Glasnost und Perestroika. Hinzu kamen Veränderungen in Polen (Solidarność), manche Liberalisierungen in Ungarn und den anderen Ostblockstaaten, zuletzt dann auch in der DDR. Es dauerte noch fast zehn Jahre nach Beginn der Präsidentschaft Ronald Reagans. Hat er das alles bewirkt? Nein, sicher nicht. Und doch hatte er am Ende den vielleicht bedeutendsten Anteil daran. Er hat Gorbatschow gemahnt, als er an der Berliner Mauer und vor dem Brandenburger Tor stand: „Herr Gorbatschow, öffnen Sie dieses Tor; reißen Sie diese Mauer nieder!" – „Tear down this wall!"

> Es war Gottes Arrangement! Es war sein Wunder!

Doch so etwas hat die Russen in normalen Zeiten niemals beeindruckt. Hat vielleicht Gorbatschow das alles bewirkt? Waren es die Polen, die Ungarn oder die Demonstranten in Leipzig, Berlin, Rostock und auch sonst in der DDR? Alle zusammengenommen vielleicht, doch das alles arrangieren konnte dennoch niemand. Es war Gottes Arrangement! Es war sein Wunder!

Gebet für den Frieden

Kleiner Einschub: Erst viel später habe ich etwas erfahren, was ich bis vor Kurzem nicht wusste. Es war 1979, wir studierten Theologie. In der Nikolaikirche in Leipzig war eine Jugendevangelisation angekündigt. Wir gehörten zum Organisations- und Vorbereitungskomitee. Es wurden bis zu 5000 Jugendliche erwartet. Es war neben der klaren biblischen Botschaft, die unmissverständlich zur Nachfolge Jesu rief, stets auch ein Politikum. Denn Theo Lehmann und Jörg Swoboda wurden immer sehr „engagiert" durch die Stasi begleitet. Die oben erwähnte Jugendevangelisation war zu Ende. Zum Abschied hinterließen die beiden den Leipziger Jugendkreisen eine dringende Mahnung: „Betet für die Jugend! Betet für unser Volk! Betet für den Frieden, aber vor allem, dass Menschen zum Frieden mit Gott kommen!" Es entstanden einige Jugend-Gebetskreise. Wir hatten einen für Studenten. Vielleicht war das bereits ein Beginn der „Friedensgebete" in der DDR, die in den verschiedenen ostdeutschen Städten später dann mehr politische Sammelbecken für viele Oppositionelle waren als wirkliche Gebete.

Kopf und Kragen riskiert

Ja, es gab in den Jahren darauf in der DDR mehr und mehr Menschen, die bereit waren, Kopf und Kragen zu riskieren. Und es war Ende der 80er nicht ausgemacht, wohin das Ganze steuern würde. Die Menschen waren mutiger geworden. Sie wollten Veränderung. Aber haben sie tatsächlich die Friedliche Revolution herbeigeführt? Ich glaube wirklich, dass an all diesen verschiedenen Entwicklungen und Ereignissen überaus deutlich wird, dass man die Friedliche Revolution keinem Einzelnen zuschreiben kann. Es waren wohl alle Protagonisten gemeinsam und alle Faktoren zusammen, die dazu führten. Ich glaube, dass diese Gesamtkonstellation ein „Kairos" Gottes war, ein Zeitpunkt, den der Herr der Welt setzt. Kein Mensch ist in der Lage, so etwas allein zu koordinieren oder herbeizuführen. Dennoch gebraucht Gott einzelne Menschen, manchmal ohne oder sogar gegen ihren Willen.

Hinzu kam beispielsweise die Tatsache, dass in Deutschland gerade Bundeskanzler Kohl an die Macht gekommen war, der die Gunst der Stunde beherzt ergriff. Er hatte gemeinsam mit seinem Außenminister (Genscher) gute Beziehungen zu Gorbatschow und anderen Staatschefs in Europa. Es wäre alles anders gelaufen, wenn das nicht so gewesen wäre (sondern zum Beispiel Lafontaine Kanzler gewesen wäre).

Etwas früher, im Jahr 1983, hat Franz Joseph Strauß, der gehasste Klassenfeind, der DDR einen 5-Milliarden-Kredit vermittelt. Aber genau das war einer der Sargnägel der sozialistischen Glaubwürdigkeit. Erich Honecker dachte, er könnte so den Sozialismus auf deutschem Boden retten. Am Ende rettete er ihn nicht, sondern besiegelte sein Ende. Gott hat alles unter Kontrolle! Gott lenkt eben Menschenherzen wie Wasserbäche, wohin er sie lenken will (siehe Spr 21,1).

Persönlich

Anfang November 1989 starb meine Großmutter in Recklinghausen (die gesamte sonstige Holmer-Familie lebte seit 1954 im Westen). Und dank des Milliardenkredits von Franz-Joseph Strauß an die DDR hatte es sich schon fast als normal etabliert, dass wir aus dem Osten an Beerdigungen im Westen teilnehmen konnten. Am 9. November 1989 war in Recklinghausen die Beerdigung. Am Morgen konnten wir uns von unserer Großmutter, die im Bestattungshaus noch aufgebahrt war, verabschieden. Nach der Beerdigung am Abend saßen wir dann zusammen im Haus der Verwandten. Und wann immer möglich in diesen Zeiten sahen wir die Nachrichten. So auch an diesem Tag. Im Westen konnte man ja völlig ungehindert

„Westfernsehen" schauen ...! 19:00 Uhr, und wir schauten wieder und wieder gebannt auf die Berichte von geflüchteten Ostdeutschen und den Demonstrationen und all den politischen Veränderungen in der DDR. Dann kam sie – nach dem Ende der Nachrichten: diese Rückschaltung nach Berlin zu der Pressekonferenz in Ostberlin, in der Günther Schabowski, den vorher kaum jemand im Osten oder Westen kannte, sagte: „Das tritt nach meiner Kenntnis ... ist das sofort, unverzüglich." Und er meinte damit die visafreien Reisemöglichkeiten für Bürger der DDR in den Westen.

Wir saßen wie gebannt vor dem Fernsehschirm. Konnte das wahr sein? Noch einen Tag zuvor hatte ich auf der Polizeistation in Teterow darum gebeten, doch unseren ältesten Sohn auch mitnehmen zu können. „Wir würden ja gern", hatte man uns dort – mittlerweile schon für DDR-Verhältnisse erstaunlich freundlich – bedauernd gesagt und hinzugefügt, vielleicht würde das ja eines Tages tatsächlich gehen. Und nun? Die Mauer sollte offen sein!? Wir waren einen Tag zuvor durch den geschlossenen „Eisernen Vorhang" gefahren. Auf einmal sollte es den nicht mehr geben?

Und dann höre ich meinen Vater sinngemäß sagen: „Kinder, wenn jetzt wirklich die Grenzen aufgehen, dann ändert sich alles. Dann werden wir bald auch die D-Mark bekommen. Und dann können wir den Missionaren und den Bedürftigen in der Welt viel besser helfen als bisher" (mit den „Alu-Chips" der DDR, mit denen in der Welt niemand etwas anfangen konnte).

Ein Tor in die Zukunft

Er hatte uns damit eine Sichtweise vorgelegt, die über das bloße materialistische Glücksdenken weit hinausging. Für uns war dadurch schnell klar, dass Gott unserem Volk hier offenbar eine Tür aufgestoßen hatte. Wenn wir diese Chance nutzen würden, könnte das unserem Volk viele Möglichkeiten eröffnen, wirklich „in der Verantwortung vor Gott und den Menschen" ein völlig neues Kapitel in seiner Geschichte aufzuschlagen. Gott bescherte unserem Volk ein Tor in die Zukunft, wie es das wohl nie zuvor gab. Ob wir in der Lage wären, diese Chance zu ergreifen?

Als ich am nächsten Tag von Recklinghausen nach Hause fuhr und in Hamburg eine Stunde Aufenthalt hatte, ging ich auf den Bahnhofsvorplatz und sah eine unübersehbare Menge an Trabis – ein Bild, das man nicht mehr vergisst.

Bis heute ist es für uns als Familie ein Wunder und ein riesiges Geschenk, einfach so in den Westen fahren zu können. Wir kennen sie noch sehr genau, die Bereiche an der Autobahn, wo früher die verbarrikadierten Grenzübergänge waren – unüberwindlich für uns Ostdeutsche. Und jetzt steht dort jeweils nur noch ein Erinnerungsschild. Und die Generation unserer Kinder und Enkel fragt sich und uns: „Was war das denn hier?" Sie können mittlerweile selbstverständlich in die Welt reisen, wie sie möchten. Sie kennen gar nichts anderes mehr. Wunderbar! Wenn wir große Familienfeste feiern, zuletzt zum 90. Geburtstag unseres Vaters, muss nicht mehr gefragt oder gesagt werden, ob einer aus dem Osten oder dem Westen kommen darf. Ein großes Geschenk unseres großen Gottes!

Aber ach ...! Eine kleine „Zeitanalyse“

Bei aller Dankbarkeit und Freude muss man meines Erachtens auch ein paar schwierige Dinge sagen: Unser Volk scheint seine Chance nicht wirklich genutzt zu haben.

Ich bin nach der Friedlichen Revolution oft gefragt worden: „Kommen oder kamen in eurer Gemeinde danach mehr Menschen in die Gottesdienste?“ Abgesehen davon, dass wir plötzlich die Möglichkeit hatten, frei und offen auf Kinder und Jugendliche zuzugehen, war das nicht der Fall. Die Menschen haben hinter all den Wundern der Friedlichen Revolution den Urheber der Wunder nicht gesehen. Vielleicht waren auch wir selbst mit allen Veränderungen und neuen Chancen so sehr beschäftigt, dass wir das zu wenig betont haben.

Die Menschen haben hinter all den Wundern der Friedlichen Revolution den Urheber der Wunder nicht gesehen.

Heute, 30 Jahre nach dem Fall der Mauer, spielt Gott offensichtlich kaum noch eine Rolle in der Politik. Dabei hatten es sich die Väter des Grundgesetzes doch auf die Fahnen geschrieben! Alle Aktivität sollten stets unter diesen „Gottesvorbehalt“ gestellt werden („In der Verantwortung vor Gott und Menschen“ – GG). Im Osten hört man den Satz: Unser Volk hat nicht nur Gott vergessen, sondern es hat sogar vergessen, dass es Gott vergessen hat. Das kann doch nicht folgenlos bleiben!

Unser Volk hat nicht nur Gott vergessen, sondern es hat sogar vergessen, dass es Gott vergessen hat.

Der frühere Bundespräsident Herzog soll einmal gesagt haben: „Wenn wir es nur eine Zeit lang schaffen würden, in unserem Land die Zehn Gebote zu beachten oder gar einzuhalten – wir hätten sehr schnell ein radikal verändertes Land!"

Und nun könnten wir dies für jedes einzelne der Zehn Gebote durchspielen und würden merken: Das stimmt. Es beginnt alles damit, dass wir Gott an die erste Stelle setzen – oder eben nicht.

Geht es uns – im Osten und im Westen – einfach zu gut? Wozu dann Gott?

Vor einigen Jahren hörte ich einen Vortrag in Berlin, den ein führender politischer Analyst und Politikberater der Konrad-Adenauer-Stiftung hielt. Dabei sagte er u. a. – ich zitiere sinngemäß und aus dem Gedächtnis: „Vor 30 Jahren lebten wir in Deutschland und Europa in einer ‚Honeymoon-Time', wie in den Flitterwochen: mit großen Hoffnungen und Aussichten für die Zukunft Europas und der Welt. Doch heute, fast 30 Jahre später, finden wir uns in einem fast kompletten Chaos wieder." Er konnte auf meine Nachfrage nicht sagen, welches die Gründe dafür sind. Er legte Visionen vor für ein „seismografisches politisches Frühwarnsystem", mit dem man globale und regionale Krisen besser voraussehen und einschätzen könnte. Aber er konnte uns nicht sagen, warum die „Flitterwochen" so „plötzlich" zu Ende gegangen sind …

Natürlich kann ich das, politisch gesehen, erst recht nicht, wenn es schon ein Protagonist der „Think-Tanks" unserer Regierung nicht kann.

Allerdings scheint mir eines sehr klar zu sein: Gott ist aus dem Blick geraten. Die einzig mögliche absolute Konstante – und das kann ein Mensch nie sein! – ist abhandengekommen.

Und unsere Kirchen?

Auch in unseren Kirchen spielt Gott vielfach keine konstitutive Rolle mehr. An einen Gott wird noch geglaubt. Aber wer dieser Gott wirklich ist, ist nicht mehr klar. Der Zeitgeist ist wichtiger und prägender als der Geist und der Wille Gottes. Die Präambel des Grundgesetzes scheint selbst hier weitgehend Makulatur zu sein. „Ich bin der Herr, dein Gott" ist nur noch „ein Relikt aus der Mottenkiste der Geschichte". Wer fragt noch nach dem Gott der Bibel, wenn es um wichtige Lebensregeln und ethische Maßstäbe geht? Hier geht es weitestgehend nur noch um Selbstverwirklichung, um Selbstbestimmung, um Zumutbarkeiten usw. Und das leider auch in unseren Kirchen!

Wer konservativ an der Bibel festhält, ist gar mittlerweile ein Störenfried, vielleicht sogar ein „Rechter", der bekämpft werden muss. Stattdessen propagiert man selbst in den Kirchen zum Beispiel eine „Ehe für alle" oder „übersetzt" die Bibel in eine „gendergerechte Sprache".

Gottes Wort wurde zu etwas, das von Fall zu Fall „verifiziert" werden muss, und wenn es für den „Menschen von heute" nicht mehr zumutbar ist, weginterpretiert werden kann.

Wie soll eine solche Kirche der Politik und der Gesellschaft noch Anhaltspunkte und Orientierung bieten? Volker Kauder, der an vielen Gesetzen und politischen Initiativen der derzeitigen „christlich-demokratisch" geführten Regierung beteiligt war, beklagte genau dieses Defizit und fragte sinngemäß: „Wie sollen wir denn christlich basierte Politik machen, wenn uns die Bischöfe und Kirchenleitungen eher in den Rücken fallen, anstatt uns Anhaltspunkte für klarere und bessere Gesetze zu geben?" Ob das als Begründung für schlechte Gesetze und hilflose Politik herhalten kann, sei dahingestellt. Aber es macht die Probleme deutlich, die entstehen, wenn ein Volk Gott nicht mehr kennt.

Materialismus und Selbstverwirklichung

Bei aller Dankbarkeit für die Friedliche Revolution in Deutschland und für all die unglaublich tollen Veränderungen in unserem Land, besonders für die Menschen in den östlichen Bundesländern, bleibt nun doch auch die Enttäuschung darüber, dass es in unserem Volk immer mehr um Materielles und um persönliche Selbstverwirklichung geht als darum, wie die Gesellschaft gerechter und menschlicher (im Sinne der Gottesebenbildlichkeit – 1. Mose 1,27) werden kann. Die einst von Helmut Kohl angekündigten „blühenden Landschaften" sind neben vielen bestehenden Problemen überall mit Händen zu greifen und mit offenen Augen absolut nicht zu übersehen! Doch hätte ich es zum Beispiel nie für möglich gehalten, dass 30 Jahre nach all diesen wunderbaren Ereignissen der Friedlichen Revolution auf obersten Ebenen über einen großartigen „neuen und demokratischen Sozialismus" nachgedacht und – schlimmer noch – offen debattiert wird. Das ist gerade so, als hätte es die Geschichte der „Diktatur des Proletariats" nie gegeben, oder als wären wir absolut unfähig, aus der Geschichte auch nur irgendetwas zu lernen.

Wieder: eine Atmosphäre der Verunsicherung

Natürlich kann in einem kurzen Beitrag wie diesem nicht alles aufgezählt werden, was im Blick auf die Entwicklungen in unserem Land in den letzten Jahren gesagt werden müsste. Leider hat sich vieles in eine Richtung entwickelt, die ich mir damals, als ich mich mit meinen 32 Jahren voller Courage und Enthusiasmus z. B. in der Kommunalpolitik (als ehrenamtlicher Bürgermeister) engagierte, nicht wirklich vorstellen konnte. Ich sehe heute leider viele Entwicklungen, die ich nur zu gut aus der Zeit der sozialistischen Diktatur kenne. Und das während einer langjährigen Regierungszeit, die von einer Ostdeutschen geführt wird!

Ich sehe heute leider viele Entwicklungen, die ich nur zu gut aus der Zeit der sozialistischen Diktatur kenne.

Immer wieder begegnen mir zum Beispiel Menschen, die sagen: „Dieses oder jenes darf man ja heute nicht mehr offen und laut sagen." Es ist sicher so, dass manche Leute auch heute noch alles sagen können, und nichts passiert. Aber es gibt mehr und mehr Menschen, die Missstände beschreiben und dafür medial und politisch ausgegrenzt, sozial zerstört oder an den medialen Pranger gestellt werden. Jeder dieser „Einzelfälle" ist dann einer zu viel und in der Folge geeignet (oder gar gedacht), eine Atmosphäre der Ängstlichkeit oder gar Angst zu erzeugen. Wenn das ein Volk erfasst, dann ist das

Ende von Meinungsfreiheit und Freiheit insgesamt in Sicht. Und das kenne ich aus der DDR-Geschichte nur zu gut!

Demokratie?

Mich erinnert es zum Beispiel auch zu sehr an den DDR-Sozialismus, dass die Kinder immer mehr das Ziel staatlicher Erziehungsmaßnahmen werden (Stichwort: „Lufthoheit über den Kinderbetten"). Mit den Kindern begann immer der ideologische Kampf in den verschiedenen Bereichen der Gesellschaft, heute beispielsweise mit einer ideologisch geprägten Sexual- und Gendererziehung. Heute werden wieder Kinder und Jugendliche auf die Straßen „geschickt", damit sie für politische Ziele der Regierung demonstrieren. Das kenne ich auch von früher!

Ich selbst bin schon seit einigen Jahren im September beim „Marsch für das Leben" in Berlin dabei. Dort machen Christen mit einem Schweigemarsch darauf aufmerksam, dass es der größte menschliche und gesellschaftliche Skandal unserer Zeit und Welt ist, wenn Kinder getötet werden, bevor sie das Licht der Welt erblicken können. Im Vorfeld werden von Politikern des Bundestages (!) wiederum vor allem junge Menschen aufgefordert, diesen Marsch mit allen erdenklichen Mitteln zu blockieren – also eine friedliche, demokratische Kundgebung mit allen Kräften und auch Mitteln zu verhindern. Was für ein Demokratieverständnis offenbart sich hier? Ein absolut friedlicher Marsch (Spaziergang, Schweigemarsch) muss mit Hundertschaften der Polizei geschützt werden, weil Politiker (!) und andere Kräfte es nicht ertragen können, dass konservativ denkende Menschen ihre Meinung friedlich (!) äußern.

Kampf gegen „rechts"

Hierher gehört auch der auf allen gesellschaftlichen Ebenen ausgerufene „Kampf gegen rechts". Hier sind die Kirchen und vor allem auch die Medien sehr aktiv mit dabei. Dabei definieren linke Kräfte in der gesamten Gesellschaft, was und wer „rechts" ist. Die frühere Familienministerin Kristina Schröder schrieb 2018 in der WELT, dass es vielen darum geht, „alles zu bekämpfen, was nicht links ist". Dabei wird ohne nachzudenken negiert, dass zu einer Demokratie neben „links" logischerweise und selbstverständlich „rechts" auch dazugehört. Was hat das mit Demokratie zu tun, wenn wenn nur eine einzige Denkrichtung toleriert und jede andere mit allen erdenklichen Mitteln bekämpft wird, oft sogar mit Gewalt? So stehen Meinungsfreiheit und Freiheit insgesamt ganz offensichtlich auf dem Spiel. Denn „Freiheit ist immer die Freiheit der Andersdenkenden", so ein Zitat, das Rosa Luxemburg zugeschrieben wird. Ich bin absolut gegen rechtsradikales Gedankengut. Aber ebenso gegen jedes linksradikale Denken (zum Beispiel über soziale/sozialistische Experimente)! Es muss aber in einer Demokratie möglich sein, genauso „rechts" zu „ticken" wie auch „links"!

Vieles von alledem haben wir uns vor 30 Jahren vollkommen anders gedacht. Wir haben gedacht, wir würden in einer Gesellschaft „landen", in der es erlaubt ist, so zu denken und so zu leben, wie wir es in der Diktatur des Sozialismus nicht konnten. Wir haben gedacht, wir würden in einer Gesellschaft leben, in der man den Politikern und den Medien vertrauen kann. Und ich glaube, es war auch viele Jahre lang nach der Friedlichen Revolution so. Doch wir mussten mehr und mehr entdecken, dass wir nun, 30 Jahre danach, wieder neu hellhörig, sensibel und skeptisch sein müssen. In der DDR wussten wir oft klar und eindeutig, wie wir uns von der herrschenden Meinung (Mainstream) unterscheiden mussten. Kinder „in die Welt zu setzen" erfordert heute, so glaube ich, ein erheblich größeres Maß an Gottvertrauen als früher. Denn sie kommen in eine Welt hinein, die ihnen viel subtiler „vorschreibt", wer, was und wie sie zu sein, zu leben und zu denken haben. Diese Welt ist unglaublich viel schwerer zu durchschauen.

Und nun?

So wird bei aller Dankbarkeit und Freude über die Friedliche Revolution doch sehr deutlich, dass wir uns auch „im Westen" nicht im „Himmel auf Erden" befinden. Entschiedene, wirklich an Jesus Christus glaubende Christen werden heute genauso gebraucht wie zu allen Zeiten. Und ihr klares Bekenntnis zu dem Gott der Bibel und zu seinem Wort ist nicht leichter geworden!

> Bei aller Dankbarkeit und Freude über die Friedliche Revolution wird doch sehr deutlich, dass wir uns auch „im Westen" nicht im „Himmel auf Erden" befinden.

Und wenn ich an die oben beschriebenen Gedanken von Roman Herzog denke, dann wird klar, woran es liegt, dass wir, wenn schon nicht in einem totalen Chaos, so aber doch in einer sehr unübersichtlichen Welt gelandet sind.

Einen großen Anteil an der Unsicherheit unserer Zeit haben meines Erachtens auch die Medien. Der Medienwissenschaftler Norbert Bolz kritisierte im März 2019, dass aus dem alten Meinungsjournalismus immer mehr ein Gesinnungsjournalismus geworden sei, dem es nicht darum gehe zu informieren, „sondern die Welt zu retten vor dem Bösen".

Die Medien haben in mancherlei Hinsicht ihre Glaubwürdigkeit verloren, weil sie weithin nicht mehr das Korrektiv von Politik und herrschenden Kräften sind, sondern mehr deren Erfüllungsgehilfen. Sie sollten die dritte Macht im Staat sein, können das aber nur, wenn sie wirklich grundlegend kritisch sind im Blick auf die Politik und die „Ideologien". Meines Erachtens waren sie das auch, solange die verschiedenen Regierungen eine vom christlichen Menschenbild und von der Verantwortung vor Gott getragene Politik gemacht haben. Die Medien müssten die Politik eigentlich immer und penetrant an das Grundgesetz und an die Einhaltung aller Gesetze erinnern. Sie tun es jedoch erkennbar zum großen Teil nicht mehr.

Alles in allem gilt meines Erachtens:

Es ist wunderbar, dass wir dieses Geschenk der Freiheit, der Friedlichen Revolution und der „historischen Konstellationen", die all das ermöglichten und begleiteten, miterleben durften. Wir durften Gott in Aktion erleben, dürfen die Spuren seines Handelns bis heute sehen, wenn wir sie sehen wollen. Denn Gott hat sich nicht verändert. *„Jesus Christus (ist) gestern und heute und derselbe auch in Ewigkeit"* (Hebräer 13,8; LUT17). Noch haben wir wunderbare Freiheiten, ihn zu ehren, sein Wort zu verkündigen, den Menschen zu bezeugen, dass er uns alle Anhaltspunkte für die Lösung unserer gesellschaftlichen Probleme und Fragestellungen an die Hand gibt. Und sollten diese Freiheiten nach und nach schwinden, dann sollten wir wissen: Wir haben einen Gott, der unabhängig ist von den Mächtigen, die „kommen und gehen". Er steht zu seiner Gemeinde. Und selbst die *„Pforten der Hölle"* können sie nicht überwältigen (Matthäus 16,18; LUT17). So dürfen wir dankbar sein für alle großen und kleinen Freiheiten, die wir haben, und sie nutzen, um Menschen auf ihn hinzuweisen.

Und selbst wenn eine Bilanz über die letzten 30 Jahre zwiespältig ausfallen muss, so haben wir allen Grund, uns über Gottes wunderbares Handeln in unserem Leben und in unserem Volk in diesen Jahren zu freuen. Ich bin zu 100 % dankbar für alle Chancen und Möglichkeiten, die Gott unserem Volk und uns als einzelnen Menschen mit der Friedlichen Revolution 1989 geschenkt hat! Wir wollen feiern, weil uns und unserem Volk eine Gnade zuteil wurde, die nur wenige Völker erleben. Für uns als Christen ergibt sich daraus:

Lasst uns immer neu auf Gott schauen (Hebräer 12,2). Auf ihn können wir bauen (Epheser 2,20). Auf das Wort Gottes und damit auf Gott allein können wir trauen! Bedenken wir zum Schluss noch einmal:

„Die Mächtigen kommen und gehen,
und auch jedes Denkmal mal fällt;
bleiben wird nur, wer auf Gottes Wort steht,
dem sichersten Standpunkt der Welt." [2]

Johannes Holmer ist Pastor der Evangelisch-Lutherische Kirchengemeinde Bülow am Malchiner See (Mecklenburgische Seenplatte).

2 Wer Gott folgt, riskiert seine Träume
Text: Jörg Swoboda & Theo Lehmann
Melodie: Jörg Swoboda
© 1986 SCM Hänssler, Holzgerlingen

Fakten zur Mauer

- Die Berliner Mauer stand 28 Jahre, 2 Monate und 28 Tage – vom 13. August 1961 bis zum 9. November 1989.
- Zwischen Mauerbau und Mauerfall gelang mindestens 5075 DDR-Bürgern die Flucht durch die Sperranlagen in den Westteil von Berlin. Die Anzahl der gescheiterten Fluchten ist bis heute nicht bekannt.
- An der Berliner Mauer wurden zwischen 1961 und 1989 mindestens 140 Menschen getötet oder kamen in unmittelbarem Zusammenhang mit dem DDR-Grenzregime ums Leben.
- Nach Angaben der DDR-Grenztruppen war die Berliner Mauer 156,4 Kilometer lang. 43,7 Kilometer davon verliefen mitten durch Berlin („Sektorengrenze“) und 112,7 Kilometer nördlich, westlich und südlich um Westberlin herum („Zonengrenze“ bzw. „Außenring“).
- Wie viele Milliarden die Mauer bis 1989 gekostet hat, ist bis heute nicht bekannt. Die Sperranlagen allein, die in Berlin bis 1970 errichtet wurden, sollen 100 Millionen DDR-Mark gekostet haben. Dazu kommen die Personal- und Ausrüstungskosten für ihre Bewachung.

Weitere Einzelheiten finden Sie auf der Internetseite www.chronik-der-mauer.de

„Die Mauer in Berlin ist eine Realität;
aber realistisch ist sie nicht,
denn sie ist nicht vernünftig,
nicht human. Deshalb wird sie
in der geschichtlichen Perspektive
keinen Bestand haben."

Richard von Weizsäcker,
Bundespräsident, anlässlich eines Staatsbesuches in Wien am 18. März 1986

Wieder

Theo Lehmann

Mit einem Fall der Mauer noch zu meinen Lebzeiten habe ich nie gerechnet. Dass sie auf alle Fälle irgendwann einmal fallen würde, wusste ich allerdings schon immer – aus den Geschichtsbüchern, besonders aus dem Buch der Bücher, der Bibel. Und das habe ich unermüdlich gepredigt und auch in Liedern formuliert. 1971 schrieb ich zu der triumphierenden Melodie „Glory, glory hallelujah“ das Lied „Freunde, kommt, singt Halleluja“, dessen vierte Strophe lautet:

Dass die Mauer auf alle Fälle irgendwann einmal fallen würde, wusste ich schon immer – aus den Geschichtsbüchern, besonders aus dem Buch der Bücher, der Bibel.

Diese Welt mit allen ihren Herren muss vergehn.
Hier kann auch der Größte nicht in Ewigkeit bestehn.
Diese Welt mit allen ihren Herren muss vergehn,
aber unser Herr, der kommt.

Das war ja bei aller Deutlichkeit noch allgemein formuliert. Im Jahr 1989 wurde ich konkreter. Da lautete der Refrain meines Liedes „Freiheit wird dann sein“ so:

Freiheit wird dann sein,
herrlich wird es sein,
Freiheit wird dann sein,
wenn Jesus wiederkommt.
Kein Leid und keine Mauer,

kein Schmerz und keine Trauer,
Freiheit wird dann sein,
wenn Jesus kommt.

Noch heute kriege ich eine Gänsehaut, wenn ich mich erinnere, wie in meinem Karl-Marx-Städter Jugendgottesdienst 3000 junge Leute Monat für Monat dieses Lied sangen, brüllten, den Mauerfall in der Hoffnung des Glaubens vorwegnehmend.

Als es dann plötzlich und tatsächlich so weit war, saß ich wie Millionen anderer DDR-Bürger heulend vorm Fernseher. Das war emotional einfach nicht zu verkraften – ein jahrzehntelanger Traum erfüllte sich vor unseren Augen! Da flossen die angestaute Anspannung und Angst in einem Strom hilfloser Freudentränen davon. Was ich damals gedacht habe, weiß ich nicht mehr. Vielleicht habe ich nichts weiter gedacht als: „Frei! Frei!! Frei!!!"

Vielleicht fiel mir auch ein, dass ich jahrelang mit der Angst schlafen gegangen war, irgendwann in der Nacht könnte die Stasi bei mir am Bett stehen und mich verhaften. Diese Angst war plötzlich vorbei. Vorbei! Ich brauchte keine Angst mehr zu haben!

Mauerfall, Wiedervereinigung und Freiheit sind ein göttliches Wunder und Geschenk. Trotzdem bin ich überzeugt, dass dieses Geschenk auch geschützt und verteidigt werden muss.

Umso entsetzter bin ich, dass heute, nach 30 Jahren, die Angst wieder da ist und sich über das Land ausbreitet wie eine drückende Decke. Nicht bei mir, sondern allgemein in der Bevölkerung. Nicht vor der Stasi, aber vor vielem, was sich in unserem

Staat abspielt. Nach dem Urteil des Historikers Arnulf Baring ist Deutschland, gesteuert durch eine „drohnenhafte Herrschaftskaste“, auf dem Weg in eine westliche „DDR Light“. Aber für so was bin ich vor dem Mauerfall nicht auf die Straße gegangen. Montag für Montag habe ich in Karl-Marx-Stadt vor dem Karl-Marx-Monument, oft bei Eiseskälte, mit Tausenden gestanden, um meine bürgerlichen Freiheiten einzufordern.

Und jetzt – inzwischen als über 80 Jahre alter Mann und Urgroßvater – stehe ich seit Jahren wieder an der gleichen Stelle protestierend vor dem „Nischel“, wie die Leute respektlos diesen monströsen Marx-Kopf nennen, und fordere die gleichen Freiheiten, besonders die Meinungsfreiheit, ein. Da stehe ich, begleitet vom hasserfüllten Gelärme und Gepfeife linker Schreihälse, vor deren Gewaltbereitschaft nur ein riesiges Polizeiaufgebot schützen kann, bei dem ich mich regelmäßig für diesen Dienst bedanke. Fassungslos erlebe ich staatlicherseits die Einschränkung der Meinungsfreiheit und kirchlicherseits die sträfliche Unwissenheit, Naivität, Feigheit und Blindheit, z. B. bei der Beurteilung des Islams.

> Endgültige Freiheit wird aber erst sein, wenn Jesus wiederkommt.

Wohl wissend, dass Mauerfall, Wiedervereinigung und Freiheit göttliche Wunder und Geschenke sind, bin ich überzeugt, dass dieses Geschenk auch geschützt und verteidigt werden muss.

Die endgültige Freiheit wird aber erst sein, „wenn Jesus wiederkommt“. Dass der, dem wir in erster Linie Mauerfall und Freiheit zu verdanken haben, in unserem Land immer weniger zu sagen hat, ist der fatalste und folgenschwerste Fehler Deutschlands seit dem Mauerfall.

Dr. Theo Lehmann lebt in Chemnitz. Er ist evangelisch-lutherischer Pfarrer, Jugendevangelist und Buchautor.

Lesen Sie auch von
Theo Lehmann:
„Jedes Denkmal fällt"
Best.-Nr 271 645
ISBN 978-3-86353-645-9

Von der Pappe lernen heisst siegen lernen

Jörg Swoboda

Unser Volkswagen in der DDR war der „Trabant", zärtlich-robust „Pappe" genannt, weil die Karosserie nur aus Plastik bestand. Darüber konnten unsere Freunde „von drüben" nur mitleidig lächeln, bis auch Westfirmen anfingen, Plastikteile bei Karosserien zu verbauen. Der Trabi – ein qualmender Zweitakter, laut, aber verlässlich, es sei denn, man fuhr durch eine tiefe Pfütze. Dann wurde der Verteiler nass. Weitere Schwachstellen waren der schnell rostende Vorschalldämpfer und die ebenfalls für Rost anfälligen Türschweller. Sei's drum. Die Anmeldezeit betrug zwölf Jahre, gekostet hat er im Verhältnis zu den niedrigen Löhnen im Osten ein Vermögen. Deshalb ist verständlich, dass der Trabi als Schatz galt und gehegt und gepflegt wurde wie ein eigenes Kind. Die Pappe war innen sehr eng, sodass einige darüber witzelten: „Welches ist das kleinste Auto? Antwort: Der Trabi, denn man kann sich beim Fahren mit den Knien die Ohren zuhalten." Dennoch war er ein Symbol für Familiensinn, und man glaubt gar nicht, was bei Familienausflügen alles in diesem Winzling Platz fand! Und wer das Glück hatte, dazu noch einen Anhänger zu besitzen, für den war der Transport von Gartenerde zu seiner „Datsche" in der Laubenkolonie kein Problem mehr. Damit war dann auch die Versorgung mit Gemüse während der warmen Jahreszeit gesichert, denn bei der planmäßig gesteuerten sozialistischen Mangelwirtschaft gab es immer dies oder das nicht.

Die Pappe war sogar ein Symbol der Freiheit, denn man konnte auf ihren Flügeln aus dem engen DDR-Alltag bis zur Ostsee oder nach Thüringen gelangen – oder sogar bis nach Ungarn. Dort war allerdings die Welt für DDR-Bürger zu Ende. Ein Nonplusultra für den Urlaub aber war ein aufklappbares Zelt auf dem Dach des Trabi. Mit einem Wort: Die Pappe war mehr als nur ein „Wunderauto". Sie war ein Lebensmittel.

Wie kam es aber, dass man nach dem Mauerfall herrenlose Trabis am Straßenrand stehen sah, die man einfach mitnehmen oder auf dem Trödelmarkt für „einen Appel und ein Ei" erstehen konnte? Antwort: Weil keiner mehr Wert darauf legte, denn nun konnte man sich einen Gebrauchtwagen aus dem Westen kaufen. Sie waren wertlos geworden. Lehrreicher und lebendiger konnte eine geistliche Lektion für mich kaum sein, die ich in jenen Wochen des politischen Umbruchs von toter Materie erteilt bekam. Nichts auf dieser Welt hat seinen Wert aus sich selbst, sondern erst dadurch, dass jemand Wert darauf legt. Erst Wertschätzung wertet das Wertlose auf und verleiht ihm Bedeutung.

Nichts auf dieser Welt hat seinen Wert aus sich selbst, sondern erst dadurch, dass jemand Wert darauf legt.

Deshalb waren die Menschen von Jesus so überrascht, denn er legte Wert auf jeden.

Das erkannten sie allein schon an seinem Blick. Denn er sah sie mit Augen voller Liebe an. Erinnern

Sie sich bitte an das letzte Mal, als jemand Sie mit Augen voller Liebe angeschaut hat. Da kommt innerlich doch etwas in Gang! Ich erlebe in solchen Augenblicken einen Freudenkoller, einen Energieschub, fühle mich wie ausgetauscht und umgetopft. Wenn das schon bei einem menschlichen Liebesblick so ist, um wie viel mehr dann bei Jesus, unserem Erlöser!

Im Blick von Jesus liegt auch Mitleid. Weil er uns Menschen liebt, leidet er auch mit, wenn wir verkehrte Wege gehen, uns in Schuld verstricken und mit Sünden belasten. Über Jerusalem hat er sogar geweint, weil die Menschen wie Schafe waren, die sich verirrt hatten. Doch nur Mitleid ist ihm zu wenig. Er bietet Vergebung von Sünden an.

Die Vollmacht dazu hat er durch seinen Stellvertretertod am Kreuz und durch seine Auferstehung. Seine Vergebung ist die Erlaubnis für uns, ein Kind Gottes zu werden. Dann brauchen wir keine Angst mehr vor der Hölle zu haben, weil wir einen Platz im Himmel haben.

Nun kann jeder verstehen, weshalb Jesus uns auch mit Hoffnung anschaut. Darin liegt wie nirgends sonst auf der Welt eine Ermutigung zum Leben. Er kennt den Weg aus jeder Sackgasse. Deshalb rief er den Menschen zu: „Kehrt um! Kommt her zu mir!“ Ich erinnere mich noch heute nach 40 Jahren daran, wie mir in einer Krisenzeit ein Christ sagte: „Ich hoffe für dich.“ Jesus hat Hoffnung für jeden, weil er weiß, was durch Gottes Hilfe aus unserem Leben werden kann – egal, was wir uns so zusammengelebt haben.

Wenn Jesus uns mit seinen Augen anschaut, erkennen wir plötzlich, wie heilig er ist und wie sündig wir selbst sind. Und weil sein Blick voller Menschenfreundlichkeit ist, bekommen wir Mut zur Selbsterkenntnis.

So begegnet er uns, wie wir eben sind: die Eingebildeten und Stolzen; die Durchtrainierten, die fit wie ein Turnschuh sind, und die gesundheitlich Angeschlagenen; solche, die ganz fromm tun, weil sie viel zu verbergen haben, und die Abgearbeiteten und Ausgebrannten; die unter uns, die finanziell und familiär am Ende sind, und auch die, die in jeder Hinsicht erfolgreich sind – oder jedenfalls so wirken.

> Der staatliche Propaganda-Slogan „Von der Sowjetunion lernen heißt siegen lernen“ entlockt uns heute nur noch ein müdes Lächeln. Als die Zeit reif war, zerfiel sie wie morsches Holz.

Im Rückblick auf die DDR entlockt uns der staatliche Propaganda-Slogan „Von der Sowjetunion lernen heißt siegen lernen“ heute nur noch ein müdes Lächeln. Als die Zeit reif war, zerfiel sie wie morsches Holz. Da ist die Erinnerung an die „Pappe“ von damals für mich lehrreicher, weil sie zum Sinnbild für Selbstwertgefühl wurde, das nicht dadurch entsteht, dass ich auf andere hinabsehe, sondern hinaufsehe zu dem, der ewigen Wert auf mich legt. Das schenkt uns den Sieg über alle Gefühle und Stimmen der Sinnlosigkeit, Vergeblichkeit und Minderwertigkeit.

Jahre nach der deutschen Wiedervereinigung war ich auf Einladung der Lutherischen Kirche in Kasachstan zu Mitarbeiterschulungen unterwegs. Eines Abends bezog ich am ehemaligen Atomwaffenversuchsgelände Semipalatinsk ein Hotelzimmer mit Blick auf den Hinterhof. Auf dem Nachbargrundstück befand sich ein Schrottplatz. Dort häufte sich alles, was zum alten Eisen gehört: Stangen, verrostete Fahrräder, Kessel und verschrottete Maschinen. Und dann entdeckte ich Lenin. Früher hatte er auf einem Sockel gestanden wie ein Gott, und die Menschen waren mit ihren Schildern und Fahnen wie Monstranzen ehrfürchtig an ihm vorbeigezogen. Mit ausgerecktem Arm hatte er, wie einst Mose nach Kanaan, nach Utopia gewiesen, dem gelobten Land des Kommunismus. Doch nun lag er im Staub der Geschichte auf dem Rücken, und sein Zeigefinger zeigte zum Himmel ...

Jörg Swoboda ist ein christlicher Liedermacher, Evangelist, Theologe, Produzent und Schiedsmann. Er wohnt in Buckow/Märkische Schweiz.

Wertgeachtet

Refr.
Weil ich in Gottes Augen wertgeachtet bin,
weil er mich liebt, bekommt mein Leben erst den Sinn.
Er legt Wert auf mich, er legt Wert auf dich.
Denke nicht gering von dir, denn Gott legt Wert auf dich.

1. Ich hätte nicht im Traum gedacht,
dass Gott auch mich zum Thema macht.
Ich habe Glück wie nie zuvor,
ich komme in der Bibel vor.

2. Der Mensch ist sich der größte Feind,
und alles ziel- und sinnlos scheint.
Für mich ist Gott jetzt Ziel und Sinn,
sagt mir, dass ich kein Irrtum bin.

3. Wenn das, worum dein Leben kreist,
sich wieder mal als falsch erweist
und es bei dir mit Jesus funkt,
wird Gott dein Dreh- und Angelpunkt.[3]

---

3 Text: Jörg Swoboda/Theo Lehmann
Mel.: Jörg Swoboda

Todesopfer an der Berliner Mauer 1961 bis 1989

In den Jahren zwischen 1961 und 1989 wurden an der Berliner Mauer mindestens 140 Menschen getötet oder sie kamen in direktem Zusammenhang mit der DDR-Grenzpolitik ums Leben.

1961	12	1969	3	1979	1
1962	22	1970	9	1980	2
1963	10	1971	4	1981	4
1964	10	1972	4	1982	1
1965	12	1973	5	1983	1
1966	12	1974	4	1984	1
1967	2	1975	4	1986	4
1968	7	1977	2	1987	1

Gesamt: 140

Die Namen der Toten und weitere Einzelheiten finden Sie im Internet z. B. unter:

www.chronik-der-mauer.de/todesopfer/

www.berliner-mauer-gedenkstaette.de/de/biographien-468.html

de.wikipedia.org/wiki/Liste_der_Todesopfer_an_der_Berliner_Mauer

Plötzlich stand uns die Welt offen

Johannes Gerloff

Meine Frau ist in der ČSSR, der Tschechoslowakischen Sozialistischen Republik, aufgewachsen. 20 D-Mark habe ich als Student für jeden Tag bezahlt, an dem ich meine Freundin und spätere Verlobte sehen wollte. So viel „Zwangsumtausch" verlangte die DDR von einem „Westbürger", der zu Besuch kam. Ein Rücktausch war ausgeschlossen. Hinzu kamen noch die endlosen Stunden an der deutsch-tschechischen oder deutsch-deutschen Grenze – und die Sorge, manchmal auch Angst, vor den Vertretern der kommunistischen Diktaturen, die sich nicht selten einen Spaß daraus zu machen schienen, Westbürger zu schikanieren.

Wir beide waren Theologiestudenten und hatten uns in der DDR kennengelernt. Als wir im Juli 1988 heirateten, hielt niemand den Fall des Eisernen Vorhangs für möglich. Wir erwarteten einen Visumsstopp für mich, so wie das meiner Tschechisch-Lehrerin und ihrem Mann passiert war, und dass wir ein Jahr nach der Hochzeit getrennt leben müssten, bis die Behörden dann einer Familienzusammenführung zustimmen würden.

Und dann bewegte mich damals auch ganz persönlich die Frage: Will Gott von mir, dass ich auf die andere Seite des Eisernen Vorhangs gehe? Meine westdeutsche Staatsbürgerschaft aufgebe? Diese Möglichkeit hätte ganz real bestanden. Ich wusste von Menschen, die so einen Schritt in die politische

Unfreiheit ganz bewusst im Gehorsam gegenüber ihrem Vater im Himmel auf sich genommen hatten. Wollte das Gott auch von mir?

Aber dann kam alles ganz anders. Wir spürten schon eine Veränderung in der Atmosphäre, als meine Frau erstaunlich schnell die Ausreisegenehmigung aus der ČSSR bekam. Ein Visum nach Kanada zu bekommen, um dort gemeinsam mein Auslands-Studienjahr erleben zu können, war viel schwieriger. Als dann die Ungarn den Grenzzaun nach Österreich durchschnitten, saßen wir mit Tränen in den Augen vor dem Fernsehgerät in Vancouver an der Westküste Kanadas. Plötzlich stand uns die Welt offen.

Anfang der 1990er-Jahre arbeitete ich für die Internationale Christliche Botschaft Jerusalem. Mit eigenen Augen durfte ich miterleben, wie sich eine 2500 Jahre alte Prophetie vor unseren Augen erfüllte. Gleich zweimal hatte der Prophet Jeremia (16,14-15 und 23,7-8) vorausgesagt, dass einmal eine Zeit kommen werde, in der man nicht mehr sagen werde: „So wahr der Herr lebt, der die Söhne Israels aus dem Land Ägypten heraufgeführt hat." Sondern: „So wahr der Herr lebt, der die Kinder Israels aus dem Land des Nordens heraufgeführt hat und aus allen Ländern, in die er sie zerstreut hatte."

Nach dem Fall des Eisernen Vorhangs machten sich mehr als eine Million Juden aus der ehemaligen Sowjetunion auf den Weg, um in Israel ein neues

Nach dem Fall des Eisernen Vorhangs machten sich mehr als eine Million Juden aus der ehemaligen Sowjetunion auf den Weg, um in Israel ein neues Leben und eine Zukunft zu suchen.

Leben und eine Zukunft zu suchen. Der Fall des Eisernen Vorhangs hatte es möglich gemacht, dass Nichtjuden dem Volk Gottes bei diesem „Zweiten Exodus" helfen konnten, genau wie die Propheten es vorhergesagt hatten (siehe zum Beispiel Jesaja 49,22-23). Es ist eines der faszinierendsten Zeichen für die Zuverlässigkeit des Wortes Gottes, dass wir heute miterleben dürfen, dass das jüdische Volk wieder in seinem Land Israel wohnt (vergleiche Jeremia 23,8).

Die kommunistischen Diktaturen Osteuropas hatten Angst vor der Freiheit des Denkens, Angst davor, dass die Bewegungsfreiheit ihrer Bürger die gesellschaftliche Stabilität untergraben könnte. Auch heute scheint es uns nicht leichtzufallen, andere Meinungen, anderes Denken, andere Wertmaßstäbe stehen zu lassen. Kontrovers zu diskutieren macht Mühe, vor allem wenn man dabei das Gegenüber auch noch achten und sogar „lieben" sollte. Es ist natürlich, selbstverständlich, menschlich, wenn wir Mauern bauen, um uns zu schützen, um uns ein Gefühl der Sicherheit zu vermitteln. Aber Gott hat uns zur Freiheit berufen, auch wenn uns das gelegentlich sehr herausfordert.

Johannes Gerloff ist Journalist und Theologe und lebt mit seiner Familie in Jerusalem, Israel.

Das ist bei Gott möglich

Carmen Schirrmacher

Ungläubig starrte ich am 9.11.1989 auf die Menschenmasse im Fernsehen, die jubelnd auf der Berliner Mauer saß und Fahnen schwenkte. „Was bei den Menschen unmöglich ist, das ist bei Gott möglich", dachte ich, als ich die überwältigenden Bilder sah. Zu dieser Zeit war ich 33 Jahre alt und wohnte mit meinem Mann und meinen zwei Töchtern in der Oberlausitz.

Ich war gespannt, wie sich das Leben in einem vereinten Deutschland ändern würde. Zugegeben, in der DDR ging es mir recht gut. Auch wenn vieles durch das SED-Regime vorgegeben war, hatte ich alles, was ich zum Leben brauchte, und war keinen Repressalien ausgesetzt. Dennoch genoss ich die neue Freiheit, die die Wende mit sich brachte. Auf einmal gab es Wahlmöglichkeiten, und ich durfte mein Leben individuell und selbstbestimmt führen. Besonders dankbar war ich für die bessere medizinische Versorgung, die meinem Mann als Diabetiker durch das hochwertige Spritzbesteck eine deutlich höhere Lebensqualität schenkte. Außerdem bekam ich die Gelegenheit, endlich den Westen der Republik zu besuchen. Ich stieß auf eine Annonce einer Hamburger Kirche: „Bieten Ehepaaren aus der ehemaligen DDR einen kostenlosen Wochenendaufenthalt." Ich meldete mich sofort, woraufhin uns ein Ehepaar aus Hamburg zu sich einlud und mir und meiner Familie ein unvergessliches Wochenende in der Hansestadt schenkte. Ich war berührt von so viel Gastfreundschaft und Offenheit uns Ostdeutschen gegenüber. Mittlerweile habe ich so viele tolle Menschen aus der Bundesrepublik kennengelernt, von denen mich immer noch einige als gute Freunde im Leben begleiten.

Der Mauerfall beeinflusste meine persönliche und berufliche Entwicklung entscheidend und bescherte mir neue Möglichkeiten und die finanziellen Mittel, um mich im deutschsprachigen Raum weiterzubilden. Statt als Wirtschaftskauffrau zu arbeiten, wollte ich anderen Menschen helfen, das Beste aus ihrem Leben zu machen. Mit einem Zuschuss aus dem Europäischen Sozialfonds von damals stolzen 13.500 DM konnte ich z. B. 1995 eine Ausbildung zur Farb-und Stilberaterin in Hessen absolvieren, die ich mir sonst nie hätte leisten können. Es war für mich neu, dass mich der Staat auf dem Weg in die Selbständigkeit unterstützte, und ich war sehr dankbar dafür. Das war erst der Anfang.

Seit ich 1984 mein Leben Jesus übergeben hatte, schlug mein Herz stets für die Missionsarbeit. Durch die Einheit Deutschlands konnte ich Menschen aus ganz Deutschland von Jesus Christus erzählen. Ich erlebte immer mehr Einsätze bei Evangelisationen und wurde Teil von bundesweiten Aktionen wie ProChrist, bei denen viele Menschen zum Glauben fanden. Seit langer Zeit begleiteten mich dabei die Produkte der Stiftung Marburger Medien, die ich Jahre später persönlich kennenlernen durfte. Bei der Gelegenheit fragte mich der Geschäftsführer, ob mir jemand aus Ostdeutschland einfalle, der Interesse an einer Stelle habe. Ich meldete mich sofort und bin seit nunmehr zehn Jahren als Gebietsleiterin Ost für die Stiftung im Einsatz. Welch ein Geschenk!

Leider löste die Wende auch Krisen aus. Elf Jahre nach dem Mauerfall meldete die Baufirma, bei der mein Mann arbeitete, Insolvenz an. Arbeitslosigkeit war für ihn völlig neu, da er als Bauingenieur in der DDR immer einen gesicherten Arbeitsplatz gehabt hatte. Plötzlich bezog er Arbeitslosengeld, absolvierte Umschulungen und schrieb etliche Bewerbungen, vergeblich. Wie oft haben wir Jesus um Hilfe angefleht. Die Gebetserhörung sollte sieben Jahre auf sich warten lassen, bevor Gott ihm eine Arbeit in einem Baubetrieb in Rheinland-Pfalz schenkte, die er bis zur Rente mit viel Freude ausübte.

Rückblickend kann ich nur staunen, wie wunderbar Gott mein Leben durch dieses historische Ereignis gelenkt hat. Ich habe erlebt: *„Trachtet zuerst nach Gottes Reich und nach seiner Gerechtigkeit, so wird euch das alles zufallen“* (Matthäus 6,33; LUT17).

Rückblickend kann ich nur staunen, wie wunderbar Gott mein Leben durch dieses historische Ereignis gelenkt hat.

Carmen Schirrmacher lebt in Dresden und ist Gebietsleiterin der Stiftung Marburger Medien.

„Mister Gorbachev,
tear down this wall!“ –
„Herr Gorbatschow,
reißen Sie diese Mauer nieder!“

Ronald Reagan,
US-Präsident, am 12. Juni 1987
am Brandenburger Tor

Gott agiert durch alle politischen Wirrnisse

Marcus Nicko

Es las sich eigentlich wunderbar: Die Abschlussprüfung wurde „mit Auszeichnung bestanden". Alles Einsen auf dem Zeugnis, außer in Sport eine Zwei. Und dennoch „... müssen wir Ihnen die Delegierung an die erweiterte Oberschule und damit die weitere schulische Ausbildung zum Abitur verweigern". Der Direktor schaute mich fest an: „Sie wissen, dass Sie kein Mitglied bei den Pionieren[4] und der FDJ[5] waren und das Wehrerziehungslager sowie dessen Alternative ablehnten. Dennoch verleihe ich Ihnen anlässlich der Abschlussprüfung und als besondere Anerkennung für hervorragende Leistungen die Lessing-Medaille in Gold. Eventuell wäre eine Ausbildung mit Abitur denkbar."

In meinen Gedanken blickte ich zurück auf das Gespräch damals im Treppenhaus der Schule: Der Direktor stand vor mir und erbat sich Erklärungen

---

4 Die Pionierorganisation „Ernst Thälmann", benannt nach dem ehemaligen Vorsitzenden der Kommunistischen Partei Deutschlands (KPD) war in der DDR eine politische Organisation für Kinder, der in den 1960er und 70er-Jahren fast alle Schüler vom ersten bis zum siebten Schuljahr angehörten.

5 Die Freie Deutsche Jugend (FDJ) war ein kommunistischer Jugendverband und in der DDR die einzige staatlich anerkannte und geförderte Jugendorganisation.

wegen meines Antrages auf Befreiung vom militärisch-politischen Ausbildungslager und deutete an, dass dies Folgen für mich haben würde. Ich erklärte ihm, dass ich es weder mit meinem Gewissen noch meinem christlichen Glauben vereinbaren könne – die Folgen überschaute ich nicht. – Und nun hielt ich diese Lessing-Medaille in der Hand – was sollte ich damit, und was nützten mir die Worte, wenn ich dennoch kein normales Abitur ablegen durfte, irgendeinen Beruf erlernen musste und mir Studiengänge wie Medizin und dergleichen versagt blieben?

Das geschah am 30. Juni 1990. Die Mauer war gefallen, aber der Sozialismus lebte weiter. Schweren Herzens unterschrieb ich im August meinen Berufsausbildungsvertrag zum BMSR-Techniker[6] mit Abitur. Die Grenzen waren offen, die Geschäfte voll, aber eine neue Freiheit hatte sich in meinem Leben noch nicht weiter bemerkbar gemacht. Hatte ich mich nicht kompromisslos auf Gottes Seite gestellt, all die ganzen Jahre? Ja, ich vertraute ihm, hatte mein Leben in seine Hände gelegt und aus diesem Grund manche Nachteile in Kauf genommen. In meinem Herzen wusste ich auch, dass Gott den nie enttäuscht, der alles auf ihn setzt. Aber ich hatte noch nie eine solche Erfahrung gemacht. Wie sollte ich diese Einschränkungen einordnen und verstehen? Was hatte Gott vor?

Die Mauer war gefallen, aber der Sozialismus lebte weiter.

6 Der Facharbeiter für Betriebsmess-, Steuerungs- und Regelungstechnik war ein Ausbildungsberuf in der DDR.

Kurz darauf überstürzten sich die Ereignisse: Zwei Monate später vereinigten sich die beiden deutschen Länder, mein Ausbildungsbetrieb meldete Insolvenz an, ein neues Fachgymnasium wurde gegründet. Ich sah darin Gottes Wirken: Er beendete damit meine Ausbildung und öffnete die Tür zu diesem Gymnasium. Nach kurzer Zeit durfte ich von dort an das normale Gymnasium wechseln und nach eineinhalb Jahren ohne Verzug mein gewünschtes allgemeines Abitur ablegen. Wie genial agierte mein himmlischer Vater durch alle politischen Wirrnisse hindurch in meinem Leben! Ohne den Mauerfall und die folgende Wiedervereinigung hätte ich sicher das Abitur und mein Studium nicht abschließen können. Wie anders wäre mein Leben verlaufen! Welch enorm positiven Anstoß bekam mein Leben durch Mauerfall und Wiedervereinigung. Es fielen die Mauern, die mich einschränkten: politische Mauern und die Mauern des Zweifelns an Gott. Seitdem erlebte ich diesen Gott weiter, häufig und direkt. Wie froh bin ich, mein Leben an ihn gebunden zu haben und nicht an politische Systeme, zeitweilig wohlgesinnte Menschen oder andere Sicherheiten.

Dr. Marcus Nicko ist Zahnarzt und wohnt in Krauschwitz (Oberlausitz).

Ein Dorn im Auge der Mächtigen

Annemarie Herrmann

Es war eine bewegende Zeit, als die Menschen sich in Kirchen zu Friedensgebeten versammelten, als sie auf die Straße gingen und riefen: „Wir sind das Volk!“, als sie öffentlich für Frieden und Freiheit eintraten. Das war für die Mächtigen in unserem Arbeiter-und-Bauernstaat ein Dorn im Auge. Wir fragten uns als Familie, wie das ausgehen würde. Hatten wir doch in unserem nächsten Umfeld erlebt, wie ein junger Familienvater wegen einer „staatsfeindlichen“ Bemerkung aus seiner Wohnung abgeholt und ins Gefängnis gebracht wurde. Er musste seine Frau, seine Kinder und ein todkrankes Baby allein lassen. Im Ort meiner Eltern war der Bau eines Internierungslagers für Christen geplant.

So konnte man nie wissen, wie diese Montagsdemos ausgehen würden. Mit dem Eingreifen der Sicherheitsbehörden musste immer gerechnet werden. Ob sie eskalieren und zu blutigen Auseinandersetzungen führen würden? Diese Fragen blieben einfach offen.

Gespannt verfolgten wir die Nachrichten. Wir hörten von der Besetzung der Prager Botschaft, der Flucht der Menschen über die ungarisch-österreichische Grenze. Wir hatten keine Ahnung, zu welchem Resultat das führen würde. An den Fall der Mauer dachten wir überhaupt nicht.

Unsere Kinder erlebten diese Zeit als Schulkinder. Dort wurden sie über die Bundesrepublik nur in negativer Weise informiert, und die Vorzüge der DDR wurden stets betont. So kamen sie mit vielen Fragen nach Hause. Unsere große Tochter musste erleben, dass ihr Antrag auf Aufnahme in die Erweiterte Oberschule abgelehnt wurde. Schüler, die weder Mitglied der Jungpioniere noch der FDJ waren, wurden ausgegrenzt. Ihre ideologische Einstellung war nicht im Sinne der sozialistischen Gesellschaft. Die Direktorin, die uns diese Entscheidung mitteilte, wusste von unserem Glauben an Gott, zu dem wir uns offen bekannten.

Dann kam dieser Tag, der 9. November 1989, der für uns unvergessen bleibt. Die Öffnung der Grenzen zum Westen, der Fall der Mauer waren für uns unfassbar. Sollte das wirklich geschehen sein? Keine Trennung mehr zwischen uns und unseren Bekannten und Verwandten in Westdeutschland? Keine Mauer mehr? Es war für uns einfach ein Wunder, das nur unser großer Gott getan haben konnte. Bei aller Freude übermannten uns die Dankbarkeit und das Staunen über das Wirken des großen Gottes. Er, der Allmächtige, der alles in seinen Händen hält, hat die Mächtigsten des Arbeiter-und-Bauern-Staates dazu gebracht, diese Trennungsmauer zu öffnen.

Der Allmächtige, der alles in seinen Händen hält, hat die Mächtigsten des Arbeiter-und-Bauern-Staates dazu gebracht, diese Trennungsmauer zu öffnen.

Diese Zeit der Freude und des Staunens erlebten wir aber auch mit den Fragen: „Wie geht es jetzt für uns weiter, für die Kinder in der Schule, für uns Eltern im Beruf, was wird sich für uns ändern, was auf uns zukommen?“ Wir erlebten sehr viele Veränderungen, die wir nur mit Gottes Hilfe bewältigen konnten und auf die wir dankbar zurückblicken dürfen.

Für unsere Kinder gab es plötzlich keine Ablehnungen mehr für die gewünschte Schul- und später Berufsausbildung. Sie genossen diese Freiheiten, die sich ihnen jetzt auftaten, und waren sehr dankbar dafür. Berufsmäßig begann für uns eine absolut herausfordernde Zeit, die wir ohne des Herrn Hilfe nie hätten bewältigen können. Plötzlich geriet ich mit meiner Zahnarztpraxis in die Selbständigkeit. Das war bis dahin ein Fremdwort für uns gewesen. Ich hatte keine Ahnung von Praxisführung hinsichtlich Wirtschaftlichkeit, Abrechnungsmodalitäten usw. Aber auch in dieser schwierigen Situation, die verbunden war mit schlaflosen Nächten, hat sich Gott wiederum als der Allmächtige erwiesen. Jetzt war es auch möglich, evangelistische Zeitschriften im Wartezimmer auszulegen. Das Verbot existierte nicht mehr, wunderbar! Viele Patienten nahmen gerne die Traktate und Kalender mit, und es gab manche Gespräche über den Glauben.

In Erinnerung an diese Zeit vor 30 Jahren können wir nur staunen und danken. Gott ist auch heute noch am Werk, und es lohnt sich, in jeder Lebenssituation auf seine Hilfe zu vertrauen.

Annemarie Herrmann ist Zahnärztin und lebt in Zwickau.

Wir brauchen die Kraft der Versöhnung

Michael Zimmermann

Das werde ich wohl nie vergessen: Anfang des Jahres 1989 wurde beim Staatssekretariat für Kirchenfragen in Berlin ein Dienstvisum für mich beantragt. Ich sollte im November an der Westberliner Glaubenskonferenz der Brüdergemeinden teilnehmen. Die Reise wurde auch genehmigt. Doch das Außergewöhnliche war, dass ich an meinem Reisetag, dem 19.11.1989, den sonst so stark gesicherten „Schutzwall“ als offene Übergangsstelle erlebte. Das für mich Unvorstellbare wurde Wirklichkeit: Ich als „DDR-Bürger“ passiere gemeinsam (!) mit einem „Westbürger“ in dessen Westauto (!) die Ostgrenze nach Westberlin ...! – Ein solches emotionales Erlebnis kann man nicht schildern, das muss man erleben!

Das für mich Unvorstellbare wurde Wirklichkeit: Ich als „DDR-Bürger“ passiere gemeinsam (!) mit einem „Westbürger“ in dessen Westauto (!) die Ostgrenze nach Westberlin ...!

40 Jahre unüberbrückbare Trennung finden ein Ende!

Zwei gegensätzliche Staaten öffnen einander ihre Tore!

Eine etwa 1400 km lange Grenze verliert ihre angsterregende Begrenzung!

Der Grenzschutz-Schießbefehl ist gegenstandslos!

Für uns wurde alles anders. Vieles wurde besser.

Doch manche Veränderungen brachten auch andere Ungerechtigkeiten ...

Auf einmal erwartete man spontan und „von Dienst wegen“ auch ein Statement zur politischen Lage von mir. Ich erinnere mich noch sehr an meine damalige Anspannung, denn eine Diktatur hinterlässt auch in der Seele eines Menschen Verunsicherungen.

Eine Diktatur hinterlässt auch in der Seele eines Menschen Verunsicherungen.

Biblische Konferenzbeiträge waren mir nicht fremd, aber politische Interpretationen bedurften anderer Erklärungen. In meinem Notizbuch von damals finde ich dazu folgende Analyse:

„Unvorbereitet und innerlich noch nicht befreit weise ich darauf hin, dass in unserm Land sehr vieles schlimm, sogar sehr schlimm war. Ich erwähne beispielhaft die ideologische Erziehung, die Unmoral, die Alleinherrschaft der SED-Partei, die Ungleichbehandlung der Bürger ... Daraus erwuchsen Früchte, die Menschen mit ‚zwei Gesichtern‘ reifen ließen: eines für die Öffentlichkeit, das andere im Privaten. Angst, Gleichgültigkeit, Vertrauensschwund, Hoffnungslosigkeit und Flucht sind sichtbare Folgen. Unser Wunsch für diese Umbruchsituation entspricht der Formulierung des Apostel Paulus in Philipper 1,27: ‚*Wandelt nur würdig des Evangeliums*‘ (LUT17). Wir sind keine Revolutionäre, wir rebellieren nicht, wir sind nicht schadenfroh, aber wir rufen zur ‚Reform‘ auf, denn wir kennen den wahren ‚Former‘ Jesus. Wir freuen uns auf alle echten Lebensverbesserungen und wollen sie mit dankbarem Herzen erhoffen. Wir rufen zum Gebet für unsere Regierungen auf. Wir wissen, das ‚Heil' kommt nicht von dieser Welt. Deshalb vertrauen wir Gott, der allein Könige ein- oder absetzt. Was wir besonders brauchen werden, ist die Kraft der Versöhnung. Danke für alle eure Gebetshilfe."

Der Mauerfall 1989 bleibt für mich ein Wunder, ein Gnadengeschenk Gottes an unser Volk. Gott reißt Mauern ein! Die politische Mauer ist wirklich weg! Für manche Menschen immer noch ein Zusammenbruch, für viele aber eine Befreiung. Mich erinnert das Befreiungserlebnis an biblische Aussagen über unverfälschte Befreiung, sogar von allen unseren Sünden durch Jesus Christus. Ich denke, dass das Erlebnis echter Befreiung viel mehr ist als ein Leben in politischer Freiheit!

Noch erleben wir manche unterschiedlichen Lebensverhältnisse zwischen West und Ost. Aber es bleibt mein Wunsch, dass jener spontane Gesang der Abgeordneten des Bundestages von damals nicht in Vergessenheit gerät: *„Nun danket alle Gott mit Herzen, Mund und Händen, der große Dinge tut an uns und allen Enden ..."* (Martin Rinckart 1630).

Michel Zimmermann war Vorsitzender des Bruderrates der Brüdergemeinden. Er wohnt in Rostock.

„Die Berliner Mauer wird in 50 und auch in 100 Jahren noch bestehen bleiben."

Erich Honecker,
DDR-Staats- und Parteichef,
am 19. Januar 1989 in einer Rede in Ostberlin

Mauerfall

Helmut Matthies

„Mit meinem Gott kann ich über Mauern springen" – so heißt es im großen Gebets- und Liederbuch der Bibel, den Psalmen. Was für ein Wort aus unserer Heiligen Schrift! Was würde wohl passieren, wenn Sie über eine Mauer – höher, als es ein Spitzensportler je vermögen würde – springen könnten? Und wenn Sie dann auch noch dem staunenden Publikum zuriefen: „Das verdanke ich nur Gott, denn er allein ließ mich über die Riesenmauer springen" – würden dann nicht viele anfangen, an Gott zu glauben?

Die verfolgten Christen heute

Und wie ist das mit den Hunderttausenden, die bereits an Gott glauben und genau deswegen in etwa 70 islamischen, hinduistischen, buddhistischen und kommunistischen Staaten inhaftiert sind – während wir in Deutschland in Freiheit leben können? Was denken diese Christen über den obigen Psalmvers? Würden sie nicht gern über die Gefängnismauern in die Freiheit springen? Würden sie nicht freudig ihren atheistischen Wärtern zurufen: „Gott existiert, denn er lässt mich sogar die Mauern eines Gefängnisses überwinden"?

Das Leid in der DDR

Aber wir brauchen nicht in die Ferne zu schweifen: Wie oft mögen nicht in der DDR vor über 30 Jahren die Christen unter den 280 000 Gewissensgefangenen, die es gab, an dieses Bibelwort gedacht, ja Gott angefleht haben: „Bring mich über die Mauer! Beweise, dass dein Wort wahr ist!" Und die bis zu 10 000 Kinder, die das SED-Regime ihren inhaftierten Eltern wegnahm und zwangsadoptierte. Bis heute wissen manche Eltern noch nicht, wo ihr Kind ist, und Kinder nicht, wer ihre leiblichen Eltern sind. Wie sehr sehnen sie sich danach, dass die Mauern des Schweigens oder der Falschinformation durchbrochen werden könnten. Und wie häufig mögen nicht die Christen unter den Tausenden Kindern und Jugendlichen in den sogenannten Jugendwerkhöfen der DDR geweint haben, weil sie dachten, Gott habe sie im Stich gelassen. Denn sie konnten bis Ende 1989 keine Mauer überwinden. Der größte Jugendwerkhof – in Torgau, den 4000 Kinder durchleiden mussten – wurde im ZDF sogar als Vernichtungslager bezeichnet: Es vernichtete die Seelen und manchmal auch die Körper vieler junger Menschen in der DDR.

Die kommunistische Zensur und die Losungen

Auch den kommunistischen Zensoren war die Macht unseres Bibelwortes bewusst. Alles, was gedruckt werden sollte, musste ja genehmigt werden – selbst die Tageslosungen der Herrnhuter Brüdergemeine. Und als dann für den 17. August 1987 das Bibelwort *„Mit meinem Gott kann ich über Mauern springen"* ausgelost worden war und natürlich auch veröffentlicht werden sollte, fragte der Zensor, ein Professor für Ökumene an der Sektion Theologie der sozialistischen Humboldt-Universität: „Auch über die Berliner Mauer?" Der Stasi-Mitarbeiter regte sogar an zu überprüfen, welche Bibeltexte in Herrnhut noch ausgelost werden dürften. Doch 1987 ließ offensichtlich bereits Gorbatschows Glasnost die Genossen im Kulturministerium in Ostberlin etwas vorsichtiger entscheiden: Unser Bibelwort durfte gedruckt werden.

Die zwei Seiten des Königs David

Es stammt aus dem 18. Psalm, Vers 30. Dieser Psalm ist ein Lied, das der größte König Israels am Ende seines Lebens gedichtet hat, sozusagen eine Bilanz. Und über dieser Quintessenz von rund 60 Lebensjahren steht nicht als Erstes: „Mit meinem Gott kann ich über Mauern springen." Denn das wäre auch nicht das Leben Davids gewesen. Er wurde zwar vom Schafhirten zum erfolgreichen Feldherrn und Staatsmann, aber er hatte auch große Niederlagen, schwere Sünden, den Tod zweier Kinder, die Flucht vor seinem eigenen Sohn und vieles andere zu verkraften. David rettete Menschen, aber er ließ auch Menschen töten. Er war ein Held und ein Mörder. Und bevor er dichten konnte: „Mit meinem Gott kann ich über Mauern springen", steht in unserem Psalm:

David rettete Menschen, aber er ließ auch Menschen töten. Er war ein Held und ein Mörder.

Mir war angst und bange.
Ich war von Feinden umgeben.
Sie überwältigten mich.
Ich bin dem Tod ganz nahe gewesen.

Erst am Ende fasst er als Erfahrung eines Lebens mit Gott zusammen: „Mit ihm kann ich über Mauern springen" – Mauern der Einsamkeit, der Verzweiflung, ja, der Todesangst.

Die Erfahrung eines Bonhoeffers

Auch der große Widerstandskämpfer im Dritten Reich, Dietrich Bonhoeffer, hat das erfahren. 1943, in einem seiner Briefe aus dem Gefängnis stellt er sich die Frage, ob er wohl der Folter der nationalsozialistischen Wärter standhalten könnte. Eine Frage, die auch Zehntausende Christen beschäftigt, die heute verfolgt werden. Und in diesem Brief aus der Haft schreibt Bonhoeffer genau unseren Vers aus Psalm 18, Vers 30 hinein. Nur eineinhalb Jahre später – am Tag vor seiner Hinrichtung im KZ Flossenbürg am 9. April 1945 – bat er, seinem Freund Folgendes mitzuteilen: „Sag ihm, das ist das Ende – für mich der Beginn des Lebens." Ja, es ist wahr, wir werden die Wahrheit auch dieses Psalmwortes erfahren. Nicht immer dann, wenn wir es wollen. Aber immer dann, wenn Gott es für uns für richtig hält. „Dein Wille geschehe", beten wir im Vaterunser, dem einzigen Gebet, von dem unser Herr gesagt hat: „DAS betet!"

Die Bibel im Zusammenhang lesen

Wir sehen an diesem Psalmwort, wie wichtig es ist, Verse aus der Heiligen Schrift stets im Zusammenhang zu lesen. Unseren Glauben macht eben beides aus: „Mir ist furchtbar angst, und ich schreie zu Gott" und „Mit meinem Gott kann ich über Mauern springen!"

Wenn man einfach die Bibel aufschlägt

Viele Leser dieses Buches werden vermutlich auch die Heilige Schrift lesen, erfahren wir doch vor allem durch sie, was Gott für uns getan hat und was er von uns will. Aber ich weiß natürlich nicht, wie Sie die Bibel lesen. Sie kennen vielleicht die Anekdote, die Christen charakterisiert, die einfach die Bibel aufschlagen, um durch das, was sie gerade lesen, Weisung zu empfangen. Da schlug einer die Bibel auf, und sein Blick fiel auf den Vers: *„Und (Judas) ging fort und erhängte sich"* (Matthäus 27,5; LUT84). Der Christ war irritiert, machte einen zweiten Versuch. Da sprang ihm die Stelle ins Auge: *„So geh hin und tu desgleichen"* (Lukas 10,37; LUT84). Er wurde ganz unruhig, wagte aber dann doch einen dritten Versuch und las: *„Was du tust, das tue bald"* (Johannes 13,27; LUT84).

Gute Erfahrung mit der Jahresbibel

Fortan las er die Bibel im Zusammenhang. Das empfehle auch ich. Ich habe gute Erfahrungen mit der sogenannten Jahresbibel gemacht: Jeder Tag enthält Teile aus dem Alten und Neuen Testament, und nach 365 Tagen hat man die ganze Bibel durch. Ich staune bis heute, dass ich immer wieder so vieles Neue entdecke, teilweise erstmalig Dinge verstehe. Gleichzeitig erlebt aber auch der, der beispielsweise jeden Morgen die Losung der Herrnhuter Brüdergemeine liest, dass auch das einzelne Wort Weisung und Kraft geben kann – auch wenn er es manchmal nicht gleich versteht. Und das ist ja nicht selten unsere Situation.

Vier Bibelworte und die Friedliche Revolution

Deshalb möchte ich an vier Bibelworten im Zusammenhang mit der Friedlichen Revolution in der DDR im Herbst 1989 deutlich machen: Gottes Wort ist wahr, wie David es erlebte – in der Ankündigung von Gutem wie von Leid.

1. Zunächst geht es um zwei Verse, die die weltpolitische Dimension des christlichen Glaubens deutlich machen.

2. Und dann zwei Verse, die sowohl brutal wie tröstlich vor Augen führen, dass die Bibel als Gottes Wort tatsächlich wahr ist.

1. Zur weltpolitischen Situation

1.1 Der Lobgesang der Maria

Zu Beginn des Lukasevangeliums können wir ein gewaltiges Lied lesen – den Lobgesang der Maria, als sie hört, dass sie Gottes Sohn gebären soll. Und da heißt es in Lukas 1,52: *„Er stößt die Gewaltigen vom Thron und erhebt die Niedrigen“* (LUT84). Wenn ich das las, dachte ich immer: „So etwas Großes, ja, Weltbewegendes möchte ich auch einmal erleben.“ Ich habe aber nie für möglich gehalten, dass das tatsächlich passieren könnte. Und dann geschah genau das: Eine Diktatur, von der fast alle glaubten, sie dauere lange an, ja, ewig – wir sprachen schließlich von einem Eisernen Vorhang –, stürzte auf friedliche Weise zusammen, nachdem Hunderttausende nach Andachten mit Kerzen in der Hand friedlich demonstrierten. Das war in dieser Weise ein einmaliger Vorgang in der ganzen Weltgeschichte. Doch auch die zweite Hälfte des Verses erfüllte sich: „Er erhebt die Niedrigen." Nie in der deutschen Geschichte haben so viele Christen so viele Positionen in Politik und Gesellschaft besetzt wie ab 1990 in der DDR und dann in den neuen Bundesländern. Die in Berlin beheimatete linke „tageszeitung" (taz) titelte damals: „Wird die DDR eine Pastorenrepublik?" Warum? Weil viele von ihnen die Einzigen waren, die sich nicht mit dem SED-Regime eingelassen hatten. Teilweise hätte man in manchen Landeskabinetten Gebetsgemeinschaften machen können, wie beispielsweise in Sachsen, als engagierte Christen im Kabinett von Kurt Biedenkopf saßen, wie Umweltminister Arnold Vaatz, Justizminister Steffen Heitmann, Sozialminister Hans Geisler. Der langjährige CDU-Landesvorsitzende und Fraktionschef in Sachsen, Fritz Hähle, begann jede Fraktionssitzung mit Gebet und dem Lesen der Losung. Das ist bis heute einmalig in Deutschland. Christen sorgten dafür, dass in Erinnerung an Gottes Wirken der Reformationstag in den neuen Ländern ein staatlicher Feiertag wurde. Das gibt es im ganzen Westen nicht. Und speziell in Sachsen: Nur hier blieb der Buß- und Bettag staatlicher Feiertag. Nur hier gibt es ein Schulgesetz, nach dem alle Schulen an die christlichen Werte anknüpfen müssen.

Das große Engagement der Christen während und nach der Friedlichen Revolution wirkt bis heute nach. 70 % aller politischen Mandatsträger in den neuen Ländern waren Christen, obwohl hier nur rund 20 % der Bürger Kirchenmitglieder waren. Von den fünf Ministerpräsidenten waren 2014 gleich drei engagierte Christen: die evangelische thüringische Pastorin Christine Lieberknecht und die katholischen Regierungschefs von Sachsen-Anhalt, Reiner Haseloff, und Sachsen, Stanislaw Tillich.

2. Wie kam es nun zum Umsturz in der DDR?

2.1 Schwerter zu Pflugscharen

Auch das hat entscheidend mit einem Bibelwort zu tun. Zum Hintergrund: Auf dem Höhepunkt des Kalten Krieges Anfang der 80er-Jahre gab es große Angst besonders unter jungen Christen. Der damalige sächsische Landesjugendpfarrer Harald Bretschneider sagte dazu in einem idea-Interview: „Auf dem Höhepunkt des Kalten Krieges hatten wir alle Angst vor einem Atomkrieg zwischen Ost und West. Die Erde war ein Pulverfass. Die Raketen standen bei uns in der Nähe von Dresden, und sie standen im Westen im Taunus. Wir wussten: Wir wären in Ost und West bei einem Krieg vernichtet worden."

In dieser Situation suchte Bretschneider nach einem biblischen Symbol, um dem Protest der Christen Ausdruck zu verleihen. Es musste eindeutig sein, und es durfte nicht verboten werden. Er fand es ausgerechnet in der Plastik von Jewgeni Wutschetisch, die der sowjetische Staatschef Chruschtschow einst den Vereinten Nationen schenkte. Sie steht bis heute vor deren Zentrale in New York: Ein Schmied versucht, ein Schwert in eine Pflugschar umzuschmieden. Darunter steht: „Wir werden die Schwerter zu Pflugscharen umschmieden" – getreu dem Bibelwort des

Propheten Micha: *„Er wird unter großen Völkern richten und viele Heiden zurechtweisen in fernen Landen. Sie werden ihre Schwerter zu Pflugscharen und ihre Spieße zu Sicheln machen"* (Micha 4,4; LUT84)

Für die Sowjetunion war das ein kommunistischer Propagandatrick: Man zeigt nach außen Friedenswillen und nach innen propagandierte man Aufrüstung. Aber: Die Übernahme eines Symbols des sowjetischen Brudervolkes konnte die DDR nicht verbieten. Also wurde das Motto der kirchlichen Friedensbewegung: „Schwerter zu Pflugscharen".

Doch wie sollte man das Symbol verbreiten? Eine Druckgenehmigung hätte man nicht bekommen. Also ließ man Lesezeichen in Herrnhut in der Oberlausitz – wo die Losungen herkommen – auf Vliesstoff drucken. Das war Textiloberflächenveredelung, und das bedurfte keiner Druckgenehmigung. Denn mit so einer Verwendung hatte niemand gerechnet. Hunderttausend Lesezeichen wurden hergestellt. Jugendliche nähten sie auf Parkas. Insgesamt 300 000 Mal wurde das Bibelwort „Schwerter zu Pflugscharen" in die Öffentlichkeit getragen. Dazu noch mal Harald Bretschneider: „Die Staatsmacht geriet in Panik. Schüler und Lehrlinge, die es trugen, bekamen schwere Nachteile, wenn sie den Aufnäher nicht von ihren Jacken entfernten. In der Folge verweigerten immer mehr Jugendliche den Wehrdienst. Wer ihn generell verweigerte, kam für zwei Jahre ins Gefängnis. In den jungen Gemeinden entwickelten sich zunehmend spezielle Gruppen, die sich mit den Themen Frieden und Gerechtigkeit befassten. Sie bildeten eine Wurzel der

Friedensbewegung in der DDR, die dann im Herbst 1989 zur Wende geführt hat."

2.2 Eine weitere Erfahrung aus der DDR-Zeit: Gottes Wort ist wahr, auch wenn es ins Leid führt

2.2.1 Ein Vater verrät seinen Sohn

Ich weiß nicht, wie es Ihnen geht. Beim Lesen des Neuen Testamentes habe ich früher manchmal gedacht, Jesus Christus übertreibt, wenn er beispielsweise in seiner Aussendungsrede an seine Jünger sagt, dass eine Zeit kommt, in der das Folgende passiert: *„Es wird aber ein Bruder den anderen dem Tod preisgeben und der Vater den Sohn, und die Kinder werden sich empören gegen ihre Eltern und werden sie töten helfen"* (Matthäus 10,21; LUT84). Doch kann ein Vater sein Kind verraten? Ich dachte manchmal, Jesus hatte ja keine Kinder, der kann das vielleicht nicht verstehen. Dann machten wir von idea eine Leserreise unter dem Thema „Christen in DDR-Haft". Wir nahmen auf diese Reise Christen mit, die zur DDR-Zeit inhaftiert gewesen waren, gingen in die Gefängnisse, in denen sie gesessen haben, und ließen sie dort berichten, ob ihnen hier im Leid Gott tatsächlich beigestanden habe. Denn Glück zu haben und dann von Gott zu reden wäre ja nichts Besonderes! Da war Matthias Storck, heute Pfarrer in Herford in Westfalen. 1979 studierten er und seine Frau Theologie in Greifswald. Storck hielt die massiven Atheismus-Kampagnen der SED nicht aus und ging in die

Opposition. Ein Pfarrer und Freund – Frank Rudolph – verriet ihn. Storck und seine Frau kamen für 14 Monate zunächst in die Stasi-Haftanstalt Berlin-Hohenschönhausen und dann ins Zuchthaus nach Cottbus. Sie wussten trotzdem nichts voneinander und wurden brutal behandelt. Der Pfarrer, der ihn verraten hatte, wurde danach übrigens im Auftrag der Stasi in den Westen geschickt und Redakteur eines großen kirchlichen Verlages. Storck und seine Frau wurden später freigekauft. Über seine Haftzeit berichtete Storck in seiner Biografie „Karierte Wolken“ (Brunnen Verlag): Das Beeindruckendste in der Haft sei gewesen, wie ihn einmal sein Vater besucht habe. Ausnahmsweise durfte er etwas Kaffee und Kuchen mitbringen. Sein Vater fragte ihn, wonach er sich nach Monaten in der Haft sehne. Und sein Sohn antwortete: „Ich will einmal wieder Abendmahl feiern.“ Da nahm der Vater den Kuchen: „Das ist mein Leib, für dich gegeben“, und den Kaffee: „Das ist mein Blut, für dich vergossen.“ Abendmahl in einem schlimmen Gefängnis der DDR.

17 Jahre nach der Haft – 1996 – erfuhr Matthias Storck – längst Pfarrer in Westfalen – aus seiner Stasi-Akte, dass auch sein Vater ihn verraten hatte. Er war von der Stasi erpresst worden. Wenn er nicht bestimmte Dinge von seinem Sohn verraten würde, würden sie im „Neuen Deutschland“ groß etwas für ihn sehr Peinliches berichten. Vor lauter Scham verriet der Vater den Sohn. Ja, Gottes Wort ist wahr, auch wenn wir es manchmal nicht für möglich halten. – Es kam dann übrigens noch zu einer Versöhnung zwischen Sohn und Vater, der inzwischen gestorben ist.

2.2.2 Gott sorgt für seine Leute

Auf dieser Reise „Christen in Haft" wurde mir aber offenbar, dass Gottes Wort auch in seinen tröstenden Worten wahr ist. Ich hatte bis dahin Probleme mit Jesu Wort in der Bergpredigt (Matthäus 6): *„Sorgt nicht um euer Leben, was ihr essen und trinken werdet; auch nicht um euren Leib, was ihr anziehen werdet. ... Seht die Vögel unter dem Himmel an"* (V. 25-26; LUT84). Wenn ich das hörte, fragte ich mich oft: Stimmt das wirklich?

Da war unter den ehemaligen Verhafteten auf unserer Reise Hansjörg Stephan. Seine Leidensgeschichte begann am 10. Januar 1950, als er – damals 21 – als Leiter einer evangelischen Jugendgruppe in Potsdam nach Hause ging. Auf dem Bürgersteig sah er ein paar Flugblätter liegen. In dem Moment, als er sie aufhob, stürzten sich zwei Männer des NKWD, wie damals der KGB hieß, auf ihn, verhafteten ihn und behaupteten, er hätte die Flugblätter nicht nur dort hingelegt, sondern auch produziert. Er kam ins KGB-Gefängnis in Potsdam. Er wurde gefoltert. Seine Eltern bekamen erst nach einem Dreivierteljahr Bescheid, dass er noch lebte. Und dann wurde er zu 25 Jahren Haft verurteilt. Als völlig unschuldiger junger Christ!

Er durchlief fünf Gefängnisse. Sein großer Gebetswunsch war gar nicht mal freizukommen, sondern er hoffte auf eine Bibel, die es zu damaliger Zeit in DDR-Gefängnissen nicht gab. Sein tägliches Gebet war: „Herr, schenke mir dein Wort, dass ich es lesen kann." Er lebte geistlich allein von dem, was er im Konfirmandenunterricht auswendig gelernt hatte. Eines Tages, es war im Knast in Halle an der

Saale, klopften die Wärter an seine Tür und sagten nur die drei Worte: „Ab nach Bautzen." Das war das Schlimmste, was einem in der DDR gesagt werden konnte, galt Bautzen doch als härtester Knast überhaupt. Hansjörg Stephan sackte innerlich geradezu zusammen und konnte nur noch denken: „Jetzt werde ich nie mehr an eine Bibel kommen!" Denn dass er die 25 Jahre mit all den Folterungen überleben würde, glaubte er nicht. Dann kam er in seine Einzelzelle nach Bautzen: Da waren eine Pritsche, ein Toiletteneimer, ein Stuhl und ein kleiner Schrank. Oben auf dem Schrank war eine zentimeterdicke Staubschicht. Und als Preuße wollte er sie natürlich gleich entfernen. Während er mit seinen Fingern den Staub wegschieben wollte, spürte er etwas Hartes. Und was war es? Ein Losungsbuch der Herrnhuter Brüdergemeine! Gottes Wort in täglichen Portionen. Mitten im schlimmsten Gefängnis der ganzen DDR. Gott sorgt für seine Leute – nicht immer dann, wenn sie es wünschen, aber er sorgt.

Gott sorgt für seine Leute – nicht immer dann, wenn sie es wünschen, aber er sorgt.

Warum lässt Gott Leid zu?

Hansjörg Stephan, der später im Westen Pfarrer wurde und heute in Neukirchen-Vluyn lebt, berichtete in unserer Reisegruppe im letzten Gefängnis, in dem er gewesen war, im sächsischen Torgau, von all seinem Leid, ohne jeden Hass auf die SED-Kommunisten, auf die, die ihn gequält haben. Er erzählte einfach nur, wie es war. Plötzlich stand ein junges Mädchen auf und fing an zu schreien: „Ihr Christen, hört doch endlich auf, von einem liebenden, barmherzigen Gott zu reden. Es stimmt doch einfach nicht, wenn ihr betet: Der Herr ist mein Hirte. Das Beispiel dieses Mannes zeigt doch, dass Gott kein liebender Vater ist, wenn er einen völlig unschuldigen, 21 Jahre alten Christen zu 25 Jahren schwerster Haft verurteilen lässt."

Ich musste das alles moderieren und war hilflos, denn irgendwie schien sie ja recht zu haben: Warum lässt Gott denn so furchtbares Leid an seinen Leuten zu? Ich blickte zu dem mittlerweile alten Pfarrer in der Hoffnung, dass er irgendwie eine Antwort auf die Klage der jungen Frau haben könnte. Und Hansjörg Stephan antwortete ganz ruhig und ohne jede Kritik: „Wissen Sie, junge Frau, Gott braucht überall seine Leute. In all den Gefängnissen, in denen ich war, war ich auf unserem Trakt der einzige Christ. Ich war der Einzige, der meinen Mitgefangenen, die ja auch alle unschuldig gelitten haben, sagen konnte: Es gibt auch in diesem Elend, in dieser Hölle einen Heiland, der euch inneren Frieden schaffen kann."

Die einzig plausible Antwort

Für mich ist es die einzige plausible Antwort auf die Frage, warum Gott Leid an Christen zulässt. Weil er eben überall seine Leute braucht. Wenn wir ins Krankenhaus kommen – könnte es nicht sein, dass Gott will, dass wir Zeugen sind für ihn gegenüber unseren Zimmernachbarn, dem Pflegepersonal oder den Ärzten? Wenn wir unsere Stelle verlieren und dann an Orten, zu denen wir eigentlich nicht wollen, eine neue bekommen – könnte es nicht sein, dass

Entscheidend ist, dass wir Gott vertrauen, dass er wider allen Augenschein hinter der Mauer steht. Und in diesem Vertrauen können wir dann auch ganz anders leben.

das genau zu Gottes Plan gehört, weil er dort seine Leute braucht? Gott geht auf krummen Wegen gerade. Er springt tatsächlich mit uns über Mauern, auch wenn wir die andere Seite der Mauer nicht kennen und vielleicht auf den ersten Blick gar nicht mögen. Entscheidend ist, dass wir Gott vertrauen, dass er wider allen Augenschein hinter der Mauer steht. Und in diesem Vertrauen können wir dann auch ganz anders leben.

Dieser Beitrag geht auf einen Vortrag beim Sächsischen Gemeindebibeltag zurück, der am 31.10.2014 in der Sachsenlandhalle in Glauchau gehalten wurde.

Helmut Matthies war bis 2017 Leiter der Evangelischen Nachrichtenagentur idea. Er lebt in Brandenburg an der Havel. Seit 2018 ist er idea-Vorsitzender und Geschäftsführer des Vereins „Glaube, Mut und Freiheit – Christen in der DDR und danach".

„Die Mauer fiel schließlich
ganz friedlich, ohne einen Schuss,
ohne Blutvergießen.

Es war wie ein Wunder."

Helmut Kohl,
Altbundeskanzler, am 02.11.2009 in der
„Frankfurter Allgemeinen Zeitung"

Ein Wort zum Schluss: Maueröffnung zu Gott

Hartmut Jaeger

Es war immer ein beklemmendes Gefühl. Mehrfach musste ich wegen meiner Vortragstätigkeit die Grenze passieren. Beim letzten Besuch 1988 wurden wir bei der Ausreise dermaßen schikaniert, dass ich mir schwor, nie wieder in die DDR zu fahren. Und dann kam alles ganz anders.

Plötzlich, unerwartet – die Mauer fiel. Wenn ich heute von Hessen nach Thüringen fahre, ist das immer noch ein besonderes Erlebnis.

Als Christ erinnert mich der Mauerfall an ein noch viel größeres Wunder

Zwischen Gott und Mensch steht eine Mauer. Ursache ist der Ungehorsam des ersten Menschen gegenüber Gott. Als das Geschöpf so sein wollte wie der Schöpfer, zerbrach die intakte Beziehung. Seitdem steht die Sünde wie eine hohe Mauer zwischen Mensch und Gott.

> Die Sünde steht wie eine hohe Mauer zwischen Mensch und Gott.

„Eure Vergehen haben die Mauer gebaut, die zwischen euch und eurem Gott steht.“ (Jesaja 59,2; NeÜ)

Sünde trennt. Was tun? Für mich als Mensch ist es unmöglich, diese Mauer zu überwinden. Ich brauche Hilfe. Diese Hilfe kommt von Gott selbst. Das ist die gute Nachricht. Gott schickt seinen Sohn in diese Welt, um das Sündenproblem zu lösen. Jesus

Christus bezahlt stellvertretend für uns Menschen den Lohn der Sünde, den Tod. Er stirbt am Kreuz. Unvorstellbar! Gott selbst greift ein. Das ist das noch viel größere Wunder.

Jesus ist unser Friede!
„(Jesus Christus) selbst ist unser Friede, er, der aus beiden ... eine Einheit gemacht und durch sein körperliches Sterben die Mauer der Feindschaft niedergebrochen hat." (Epheser 2,14; NeÜ)

Wie kommt ein Mensch in den Genuss dieser Grenzöffnung?

Da Jesus Christus die Trennung aufheben konnte, brauche ich logischerweise eine Verbindung zu ihm. Er ist der Mittler zwischen Gott und Mensch. Er hat gesagt: *„Ich bin der Weg und die Wahrheit und das Leben. Niemand kommt zum Vater als nur durch mich"* (Johannes 14,6; ELB).

Diese Beziehung zu ihm nennt die Bibel Glauben. Als Paulus von einem Gefängnisaufseher gefragt wurde, was er denn tun müsse, um gerettet zu werden, antwortete er: *„Glaube an den Herrn Jesus, und du wirst gerettet werden"* (Apostelgeschichte 16,31; ELB). Das ist bis heute die einzige Möglichkeit, um persönlich in den Genuss der Freiheit zu kommen. Ohne Glauben ist es unmöglich, sich Gott zu nahen. Ohne Glauben bleibt die Mauer zu Gott bestehen. Allein durch die persönliche Beziehung zu Jesus Christus wird die Mauer überwunden.

Was muss ich konkret tun?

Zunächst muss ich einsehen, dass ich von Natur aus nicht so bin, wie ich sein müsste, um zu Gott zu passen. Ich mache Fehler, ich bin nicht perfekt! Schuld trennt mich von dem heiligen Gott. Diese Einsicht führt zu einem Bekenntnis. Im Gebet darf ich Jesus Christus meine Sünde bekennen. In dem Moment, wo ich Schuld bekenne, erfahre ich Vergebung. Damit ist der Weg frei. Nun lade ich Jesus Christus in mein Leben ein. Er soll ab sofort bestimmen. Deshalb sage ich bewusst: „Herr Jesus." Mit dieser Lebensübergabe beginnt die lebendige Beziehung zu ihm.

> Die Mauer der Feindschaft zwischen Gott und mir ist niedergerissen – allein durch Jesus Christus, den Sohn Gottes.

Ab sofort darf ich in engster Gemeinschaft mit Gott leben. Die Mauer der Feindschaft zwischen Gott und mir ist niedergerissen – allein durch Jesus Christus, den Sohn Gottes. Alles verdanke ich ihm!

Ich wünsche Ihnen, dass Sie sich an dem Ereignis freuen, das vor 30 Jahren den Lauf der Geschichte veränderte, und es Sie daran erinnert, dass Gott jede Mauer niederreißen kann – auch in Ihrem Leben!

Hartmut Jaeger ist Geschäftsführer der Christlichen Verlagsgesellschaft, Dillenburg.